アクティブ リスニング

なぜか
うまくいく人の
「聞く」技術

谷本有香

ダイヤモンド社

アクティブ リスニング　なぜかうまくいく人の「聞く」技術

はじめに

「ノンちゃん、今日も打ち合わせの時、あまりしゃべらなかったね」

「すいません、ユカさん」

「T部長は堅苦しくない人だから、ノンちゃんのアイデアをどんどん言ってみたらいいんだよ。ノンちゃんの発想って面白いからきっと喜ばれるし、評価もあがるよ」

あまりしゃべらなかったね
話そうと思えば思うほど緊張するんです
ノンちゃん
ユカ

「でも、この前はなんだかつまらなそうな顔でした。話そうとするんですが、そう思えば思うほど緊張して声が出なくなるんです」

「うーん、わかる気もするな」

「話が苦手な人ほどうまくいく方法」とは？

ノンちゃんは、私がよく一緒に仕事をしているグラフィック・デザイナーの女の子です。まだ若いのですが、仕事は早いしクオリティも高く、とても助かっています。

ただ、人見知りしやすく、初対面の人はもちろん、何回か会った人でもなかなか打ち解けて話ができません。家族や友人など親しい人とは普段、何の問題もなくおしゃべりがで

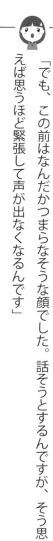

きるのに、です。

本人いわく、相手が年上の人だとそれだけで固まってしまったり、自分がしゃべるのを皆が聞いていると思うと緊張して頭が真っ白になったり、何とかしゃべることができても相手が無表情だと不安になったりするのだそうです。

そんなことが重なるうち、コミュニケーションへの苦手意識がどんどんこじれてしまったのです。

皆さんのまわりにも、そういう人っていませんか？
あなた自身、そういうところがあったりしませんか？
そんな方にぜひ一度、試してみていただきたい方法があります。

私が、テレビキャスターやコメンテーターの仕事をする中で見つけ出した方法です。話が苦手だと思っている人ほど、実はうまくいくコミュニケーション術、「アクティブ リスニング」です。

話が苦手な人は
こんな経験ありませんか?

相手が年上の人だと
それだけで
固まってしまう……

自分がしゃべるのを
皆が聞いていると
思うと頭が真っ白に！

何とかしゃべっても
相手が無表情だと
不安になる！

「聞き上手」は「いい人」で終わりがち

コミュニケーション術というと、**「プレゼンテーション」「ディベート」「ファシリテーション」**などの言葉を思い浮かべる方が多いかもしれません。例えば、アップルの創業者だったスティーブ・ジョブズさんのプレゼンなんて素晴らしいですよね。

でも、彼のように大勢の人を前にして、あんなカッコいいプレゼンができるというのはやはり特殊で、私も皆さんもそのまま真似てうまくいくとは思えません。

話す相手がそもそも、こちらの話に興味や関心がなかったらどうでしょう。表現はカッコよく、言っていることは正しくても、反発を買うだけかもしれません。

プレゼンやディベートのスキルを使って結果を出すには、あまりはっきり言われてはいませんが、相手に共感してもらうことが必要不可欠なのです。

相手に共感してもらうといえば、**「聞き上手」**があります。私たちは誰でも、自分の話に耳を傾けてくれる人には親しみを感じるものです。

ただ、「聞き上手」だけでもあまりうまくいかないと思います。「いい人」で終わってしまいがちだからです。

「いい人」は皆に好かれ、相談を受けたり、頼まれごとをされたりしますが、そこから先、なかなか関係が深まっていきません。

「私はこう思う」「私はこうしたい」ということをはっきり伝えないと、相手にとって印象が薄く、「この人、なんだかよくわからない」ということで、関係がそこで止まってしまうのです。

では、どうしたらいいのでしょうか。

答えはおそらく簡単です。

相手に気持ちよく話してもらい、こちらの考えもさりげなく伝え、信頼関係をつくりながら、自分の目標を実現していくのです。

これこそが、「アクティブ リスニング」のやり方です。

「アクティブ リスニング」と「聞き上手」の違いは？

聞き上手

▼

皆に好かれ、相談を
受けたりするが、
なかなか関係が深まらない
これだけでは「いい人」で
終わってしまいがち……

アクティブ リスニング

▼

相手に気持ちよく
話してもらい、
こちらの考えも
さりげなく伝え、
信頼関係をつくりながら
自分の目標を
実現していくやり方

口下手、人見知りの人ほどうまくいく方法

「アクティブ リスニング」は、もともと人見知りで引っ込み思案、人付き合いが大の苦手だった私が、フリーランスのキャスターやコメンテーターとして10年以上、自分自身の力でなんとか生き抜いていくため、試行錯誤を繰り返しながら見つけ出したものです。

そう、冒頭で出てきたノンちゃんは、実はかつての私自身でもあるのです。

「アクティブ リスニング」ではまず、**相手の話をよく聞くという、受け身の姿勢を取ります**。

ですから、話そうとするとあがってしまったり、何を話していいかわからなくなったり、ぽんぽん会話を続けるのがうまくできないという人にとっても、そんなに難しくありません。むしろ、そういう性格を活かすことができます。

「アクティブ リスニング」ではまた、**事前に相手のバックグラウンドを調べたり、相手の思考や行動のパターンを想像したり、自分の強みや際立つポジションを意識したり、し**

っかり準備を行うので、コミュニケーションの本番がスムーズに進み、自分を上手にアピールしやすくなります。

例えば、ノンちゃんがT部長に番組で使うキャラクターのデザインを提案するとします。いろいろなサンプルをつくる上で、T部長がネコ好きだということを事前に知りました。そこで、サンプルの中にネコのパターンを入れ、「いま、女の子の間でこういうキャラクターが人気なので、そこからイメージを膨らませてつくってみたのですがいかがですか？」といった女性発想や、「最近、ネコカフェデートにはまっているカップルが増えていて、そういう人たちが好きそうなデザインを考えてみました」といった20代視点を加えてみるとどうでしょう。きっとT部長にとっては新鮮で喜ばれるでしょう。

「アクティブ リスニング」ではさらに、**コミュニケーションの本番の後も相手との関係を深めるフォローを行う**ことによって、新しいチャンスが巡ってきたり人脈のネットワークが広がったりします。

ノンちゃんであれば、「また新しいネコキャラクター描いてみました」とか、「とても可愛い猫の動画を見つけました」といってメールするのです。こうすれば、自然にT部長と

「こんな人こそ」結果が出せます！

- 人より少し人前で緊張する
- 人より少し照れ屋さん
- 人より少し話すのが苦手

こう思っている人ほど
「アクティブ リスニング」が
向いています

の信頼関係を深めていくことができるでしょう。

人より少し人前で緊張するというだけで、言いたいことを伝えられないとしたら……

人より少し照れ屋さんというだけで、実力をまわりに気づいてもらえていないとしたら……

人より少し話すのが苦手というだけで、せっかくのチャンスを逃しているとしたら……

それはあなたにとっても、あなたのまわりの人にとっても、本当に本当にもったいないことだと思います。

そんな人にこそ、「アクティブ リスニ

ング」を知ってほしいのです。

絶対に皆さんの人生が一歩も二歩も前進し、びっくりするような結果が出てくることをお約束します！

それではさっそく、「アクティブリスニング」をご説明していきましょう。

平成27年5月

谷本有香

アクティブ リスニング　なぜかうまくいく人の「聞く」技術・もくじ

はじめに

第1章

「アクティブ リスニング」は3つのステップで、うまくいく！

「準備」→「本番」→「フォロー」という3つのステップで、結果を出す

第2章 「準備のスキル」で、本番を最高の状態で迎える！
まずは、14の「準備のスキル」を身につける

第3章

「本番」では、「傾聴」と「問答」の組み合わせで、120%の結果を！

15の「傾聴のスキル」、15の「問答のスキル」を身につける

第4章

「フォロー」で関係をつなぎ、より大きな結果を出す

4つの「フォローのスキル」で、次へつなげる

第5章 「アクティブ リスニング」を磨くトレーニングと応用法

9つのトレーニングと4つの応用例で、「アクティブ リスニング」が完璧に身につく

第1章

「アクティブリスニング」は3つのステップで、うまくいく！

「準備」→「本番」→「フォロー」という3つのステップで、結果を出す

「ノンちゃんは人の話を聞くのと自分から話すのと、どっちが得意？」

「そりゃ断然、聞くほうです」

「どうして？」

「当たり前じゃないですか。聞くのは自然にできるんですが、話すほうはつい緊張しちゃって……」

「どうして緊張するの？」

「多分、自分から話さなきゃ、と思うからです。何を言おう、どう切り出そう、

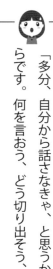

相手の反応はどうだろうって考えているうちに、どんどん緊張してくるんです」

「それって、苦手なことにばかり意識が向いていない？」

話し下手は「話す」ことを気にしすぎ

ノンちゃんもそうですが、コミュニケーションが苦手という人はほぼ例外なく、「話す」のが苦手な人です。

例えば相手と打ち合わせしながら、「次はなんて言えばいいんだろう」「こんなこと言って変じゃないかな」「相手はどんな反応をするだろう」といったことを考え、頭がいっぱいになるのです。

私も以前、コミュニケーションが苦手だった時は「こんな偉い人になんて言えばいいんだろう?」「相手をがっかりさせたらどうしよう…」といったことばかり考えて口が重くなっていました。そして、話にうまく乗れないまま終わってしまうのでした。

なぜそうなるのでしょうか。

私が気づいたのは、**「話す」ことばかり意識していると思考がそこで停止し、体まで固まってしまう**ということでした。

心と体はつながっていて、心が何かにひっかかって動かなくなると体も動かなくなるのです。なんとかそこから抜け出そうとするのですが、一度浮かんだ不安や心配はそう簡単には消せません。

「話し下手」というのは実は、「話す」ことを気にしすぎることに原因があるのだと思います。

話すことが苦手

緊張しないためには
相手の話に集中する

× 「話し下手」の原因は、「話す」ことを気にしすぎること

○ まずは、相手の話に意識を集中する

「話す」 ことばかり
意識していると、
体まで固まってしまうよ
なるほど！

まずは相手の話を「聞く」に集中!

では、どうすればいいのでしょうか。

私のお勧めは、**相手の話に意識を集中することです。**

「自分も何か話さないと」といった考えをいったん忘れ、目の前にいる相手の話に意識を集中するのです。

そして、「どういう意味だろう?」「何を言おうとしているんだろう?」「なぜこういうことを言うんだろう?」と考えてみます。

そのうち「それってこういうことじゃないかな?」「そうか、なるほど!」といった素朴な疑問や感想が浮かんでくるでしょう。

そうしたら、それをそのまま口に出してみます。

「へぇー」でも「ほぉー」でも構いません。オモシロイと思ったら笑ってみる。共感できたら頷いてみる。

相手はこちらの反応を見て、安心するでしょう。自分も相手の話に引き込まれていきます。これを繰り返すうち、なんだかスムーズに会話が進んでいくのです。

こちらから話し始める時も同じです。例えば、最近の出来事を手短に報告したり、前からちょっと気になっていたことを尋ねてみます。

しかし、その後は相手の話に耳を傾け、「聞く」ことに意識を集中します。そして、相手の話を聞いて頭に浮かんできたことを合間、合間に伝えます。

意識を相手の話に向けていると、気持ちがこわばったり頭がいっぱいになったりせず、話に乗っていけるはずです。

あまり話をしない相手、気のなさそうな返事しかしない相手も同じです。数少ない発言や表情に意識を集中し、無理にこちらから話そうとする必要はありません。

相手の頭の中、胸の内をいろいろ想像しながら、相手が口を開くのを慌てず待っていればいいのです。

相手の話に集中！

誰でも自分の話を聞いてほしいもの

相手の話に意識を集中していると、それは目線や表情、小さな頷きなどとなって表れ、必ず相手に伝わります。

誰しも自分の話に興味や関心を示してくれればうれしいし、そういう相手には親しみを感じます。

「自分のほうを向いてほしい」「自分の言うことを聞いてほしい」というのは人間が誰でも生まれつき持っている欲求のひとつだからです。

親しみを感じる相手には、「この人にもっと話を聞いてほしい」「この人なら自分のことを理解してくれるはず」という気持ちが自然と生まれてきます。

逆に、一方的に自分の考えや都合を押しつけてきたり、批判的な言葉ばかり投げかけてくる相手に対しては、警戒心が高まり、拒否反応が起こります。

興味なさそうな態度しか見せない相手に対しては、話をしようという気持ち自体がしぼんでいくでしょう。

うまく相手とコミュニケーションをとろうと思うなら、**相手にコミュニケーションに対する前向きの気持ちが生まれるような態度をとる**のがいいのです。

わざわざ相手の警戒心を高めて拒否反応を呼び起こしたり、話をしようという気持ちをなえさせたりするのは、よほどその必要がある場合に限られます。

日本的なコミュニケーションは、「傾聴」から始まるのが大正解

こういう相手の話を「聞く」ことから始めるコミュニケーション、いわば親しみや共感を大事にするコミュニケーションはとても日本的だと思います。

日本では、ビジネスでもプライベートでも、相手の話を傾聴する姿勢を示すことがとても重視されます。

取材やインタビューでよく経験したのですが、日本の政治家や経営者のまわりには関係者がたくさんいて、その発言にいちいち頷いたりメモをとったりします。マスコミの記者だって謝罪会見でもない限り、あからさまに批判したり挑発するような態度をとったりはしません。むしろ、普段は機嫌を損ねないよう気を使い、質問や交渉なども丁寧です。

これに対し欧米では、政治家や経営者に対するマスコミの取材は、全部がそうとは限りませんが、ちょっと失礼なくらい攻撃的です。政治家や経営者もそれに慣れていて、自分一人でどんどん対応します。ガチンコのコミュニケーションに慣れているのです。事前の打ち合わせなどはほとんどなく、不意打ちだって気にしません。むしろそれを「よし」としていて、厳しい質問に当意即妙で切り返せることを誇っているふうがあります。

欧米では、どんな場面でも丁々発止で受け答えできる人でなければ政治家や経営者といったポジションにはつけませんし、インタビュー番組から声が掛かることもありません。そして、一番日本と違うのは、インタビューにしろ交渉にしろ、激しくやりあっても終わればケロッとして、握手で終わることです。

私が20代後半に3年ほど勤めたブルームバーグ テレビジョン日本支社は、そのやり方をアメリカ本社から導入し、金融・経済ニュースの番組をつくっていました。

社内の評価システムも欧米流で、圧迫質問などを駆使し相手から意外なコメントや表情を引き出せたかどうかが重視されました。相手がどれだけ気分を害そうが怒ろうが、気にしないのです。

しかし、日本でそれをやるのは難しいと私は次第に感じるようになりました。ものすごく怒って帰られ二度とインタビューを受けてもらえなかった方や、出入り禁止になった会社もありました。

そこで私は、出演者の方には事前に「厳しいことを申し上げるかもしれませんが演出ですのでご容赦下さい」とお断りするようにしました。多少、小生意気に聞こえることがあってもも摩擦はかなり減りました。もし、欧米流をそのまま続けていたらどうなっていただろうと思います。

こうしたことから私は、日本におけるコミュニケーションの基本は相手の話をきちんと「聞く」ことだと確信するようになりました。

一方、日本人はインタビューに限らず冷静な議論がどうも苦手で、お互い率直な意見を言っているはずが、いつのまにか感情的になってしまうことがあり、注意が必要だと思いました。

良いとか悪いとかではありません。大事なことはコミュニケーションがスムーズに進むことです。

日本では**こちらがまず「聞く」姿勢を示し、相手に「この人は話しやすいな」「この人は信頼できそうだな」と思ってもらう**ほうが絶対いいのです。

◎「聞く」には、「傾聴」と「問答」の2つがある

ただ、相手の話をしっかり「聞く」ことが大事だとしても、それだけでは単なる聞き役にすぎません。コミュニケーションを通してなんらかの目標を実現しようと思えば、自分から相手に働きかけなければなりません。

私の場合、テレビのインタビューや討論番組ではいつも、ゲストからこれまで聞いたことのないようなコメントや意外な表情を引き出すことを目標にしていました。ゲストと仲良くおしゃべりしているだけでは、キャスターやコメンテーターとして失格です。

そこで必要になるのが、相手へ質問したり、感想を投げかけることです。

日本語の「聞く」には大きく分けると、次の2つがあります。

第1の「聞く」＝相手の話に耳を傾ける「聞く」
第2の「聞く」＝相手の答えを引き出す「聞く」

第1の「聞く」は基本的に受け身であり、**「傾聴」**と言い換えられるでしょう。「傾聴」は、いわゆる「聞き上手」に通じます。皆さんもすぐイメージできると思います。

第2の「聞く」は相手への問いかけであり、私は**「問答」**と名付けています。「問答」としての「聞く」は、相手へ問いかけ、返事を引き出すだけではありません。**自分の考えを質問などの形で伝える「問答」、相手に新しい情報や気づきを提供する「問答」、相手の頭の整理を手助けする「問答」、話のテーマを変える「問答」**などがあります。

こういう「問答」によって、会話をリードしていくのです。

会話をリードするというと、相手よりたくさん発言するとか相手を論破したりするイメージがあるかもしれませんが、それはただの自己満足です。

相手に同意してもらったり、納得してもらったりしながら自分の目標を実現していくことこそ、コミュニケーションの目的のはずです。

もちろん、行き当たりばったりで質問を投げかけてもうまくいきません。「問答」としての「聞く」では、自分の目標をきちんと意識し、相手のメリットも考えながら、入念な準備と様々なスキルを駆使することが欠かせません。

「聞く」には、「傾聴」と「問答」の２つがある

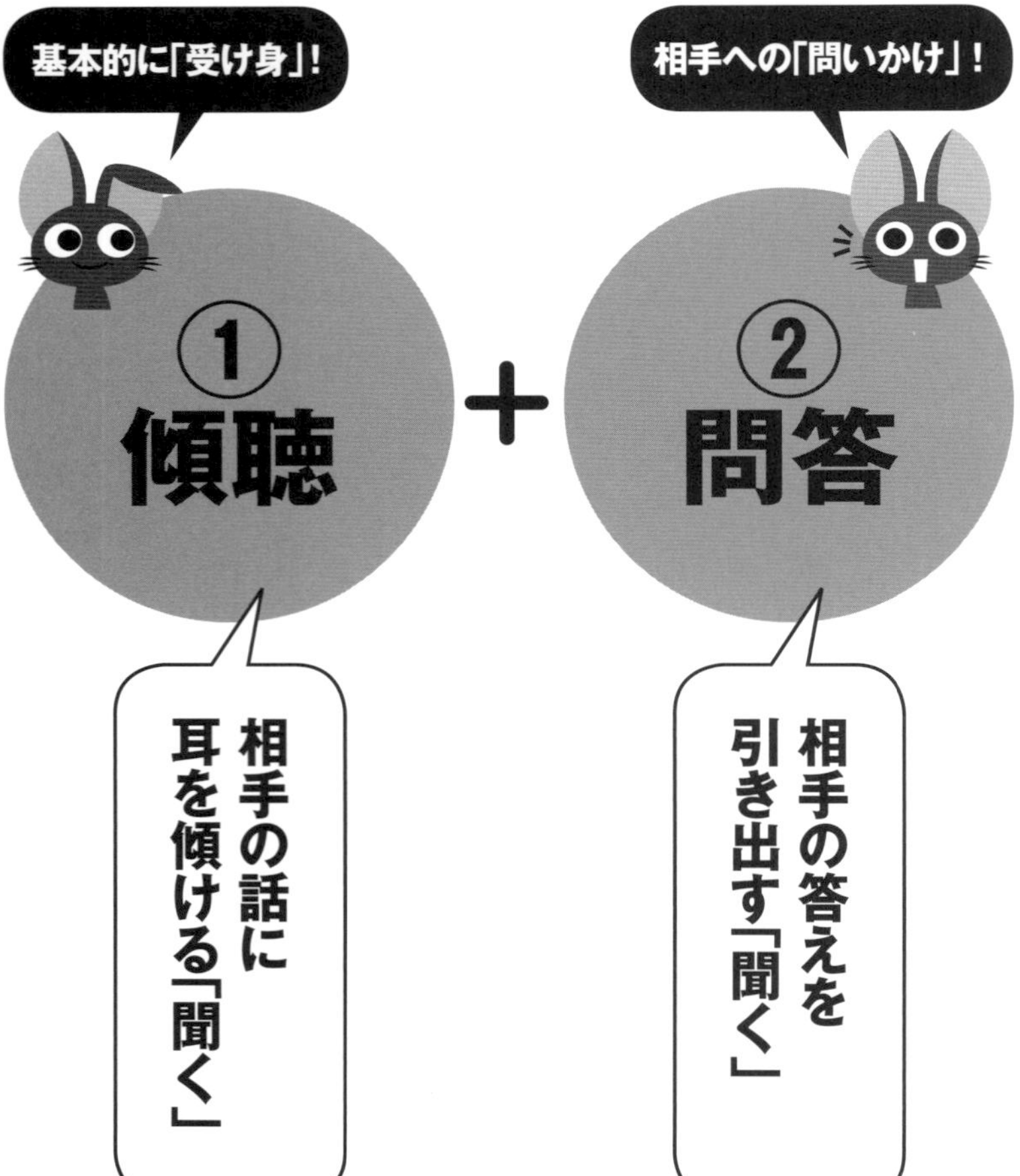

◎大事なのは、2つの「聞く」の相乗効果

「傾聴」と「問答」という2つの「聞く」を意識的に使うことが「アクティブ リスニング」の基本です。

「傾聴」としての「聞く」は、相手の話に耳を傾け、気持ちよく話してもらうことが目的です。

例えば、あなたが営業担当者として、自社製品の不具合について取引先から呼ばれたケースを考えてみましょう。相手のクレームに対してすぐ言い訳を並べたてたり、いきなり根掘り葉掘り質問したりするのはおそらく逆効果です。

「アクティブ リスニング」なら、相手の指摘にまずは頷きながらメモをとったりします。時々、「なるほど」「それはご迷惑をおかけしました」と短く返事するのもいいでしょう。こうした態度や言葉によって、最初は怒り心頭だった相手も次第に落ち着いてきて、冷静に話ができるようになるはずです。

一方、**「問答」としての「聞く」は、相手の話の合間、合間に適切な質問や感想を投げ**

かけ、**相手の信頼を得ることが目的**です。

いまのケースでいうと、相手が指摘する自社製品の不具合について、考えられる原因をわかりやすく説明するとともに、「お怪我はありませんでしたか？」「こういうことも起きていないでしょうか？」と聞いてみたらどうでしょう。

相手にとっては不具合について理解が深まるだけでなく、「誠意を持って対応しようとしているようだな」という印象を与え、不信感を少しずつ取り除くことにつながります。

その上で、不具合の事実関係や具体的な損害の程度を尋ね、こちらから問題処理の提案をすれば、スムーズに耳を傾けてもらえるはずです。

大事なのは、2つの「聞く」の相乗効果です。もし、「傾聴」と「問答」のどちらかだけであれば、思うような結果は出ないでしょう。

「傾聴」のみの場合、相手のクレームを辛抱強く聞くだけになってしまいます。相手はむしろ「ちゃんと責任を持って対応できる

問答で相手の信頼を得る

人間を出せ」と怒り出すかもしれません。「問答」だけでもビジネスライクに聞こえ、場合によっては責任逃れととられかねず、相手は不信感を募らせるでしょう。

まずは「傾聴」、次に「問答」の順番で！

このように「アクティブ リスニング」では「傾聴」と「問答」という2つの「聞く」を組み合わせて使いますが、**順番としては「傾聴」が先になります。**

相手の話に耳を傾け、共感を引き出し、スムーズにコミュニケーションができる土台をつくるのです。その上で「問答」をタイミングよく織り交ぜ、コミュニケーションを深めつつリードしていきます。

もちろん場合によっては、こちらから質問するところから始めることもあるでしょう。

例えば、新製品の発表会に来てくれた得意先の担当者を後日訪問し、「先日はどうもありがとうございました。点数をつけるとすると100点満点で何点でしたでしょうか？」

などと質問し、コミュニケーションのきっかけにします。

ただ、その後はすぐ「傾聴」に切り替え、相手の発言をどんどん引っ張り出し、親しみを持ってもらうよう心がけます。

「アクティブ リスニング」という名称も、そうした「傾聴」と「問答」の関係を示すものとして名付けました。

日本語の「聞く」にはこれら2つの意味がありますが、「聞く」というだけではどちらかよくわかりません。

それに対し、英語の「リスニング」にはもともと「傾聴」の意味しかなく、「問答」に近いのは**「ディスカッション」や「クエスチョニング」「アスキング」**です。

そこで、受け身の「傾聴」をベースにしながら、こちらから能動的に働き掛ける「問答」を組み合わせていくという、二重の意味での「聞く」として「アクティブ リスニング」と名付けたのです。

「傾聴」によってコミュニケーションの土台をつくり、「問答」によってコミュニケーションを深めリードする。これが「アクティブ リスニング」の基本です。

「アクティブ リスニング」は３つのステップで、うまくいく！

「アクティブ リスニング」の基本である「傾聴」と「問答」によって、コミュニケーションの生産性や効率は間違いなくアップするでしょう。**「傾聴」と「問答」の組み合わせは、コミュニケーションの「本番」において結果を出す最強のスキルです。**

ただ、**「アクティブ リスニング」の効果をより高めるためには、コミュニケーションの本番前の「準備」、そして本番が終わった後の「フォロー」を加えます。本番での「傾聴」と「問答」の質を高め、その効果をもっと深めることになるからです。**

ここ一番という重要な商談、プレゼン、面接などで確実に成果を出すには、準備、本番（傾聴と問答）、フォローという3ステップで戦略的に取り組みましょう。

ステップ1　準備

↓

ステップ2　本番（傾聴と問答）

ステップ3　フォロー

ステップ1の「準備」は、ステップ2の本番で、特に「問答」を効果的に行うためです。**コミュニケーションが苦手とか話し下手だという人は、実は準備を十分していないことが多い**ように思います。

その点、「聞き上手」として知られている阿川佐和子さんの『聞く力』（文春新書）を読むと、阿川さんがいかに準備に時間と手間をかけていらっしゃるかがよくわかります。私が見るところ、阿川さんは単なる「聞き上手」ではなく、まさに「アクティブリスニング」の達人なのです。

いずれにしろ、「準備」が不十分では、「本番」でのやり取りが表面的で消化不良に終わってしまいます。できる限りの準備を行うことは、本番に臨む自信にもつながります。

こういうと、「事前に相手の好みや趣味などしっかり調べているよ」とおっしゃる方がいるかもしれません。ただ、事前にいろいろなことを熱心に調べるとしても、それを本番のコミュニケーションでどう生かすのかというところまでは、あまり考えられていないようです。

この「準備」こそ、傾聴を大切にする日本的なコミュニケーションの良さを補い、ここ一番で大きな成果をあげる重要なステップです。

ステップ２の「本番」は、インタビューや商談で相手と向き合い**「傾聴」と「問答」を駆使する場面です。**

準備段階で集めた情報や用意した質問を使い、また目の前の相手の表情や受け答えを確認しながら、「傾聴」と「問答」で会話を盛りあげ、目標を目指していきます。状況に応じて臨機応変に話の流れを調整することもあるでしょう。

さらに、**ステップ３の「フォロー」**があります。

「本番」後のフォローがないと、せっかく「本番」で噛み合ったコミュニケーションの広がりや発展が期待できません。相手との関係を深め、次につなげていけるよう、いろいろ工夫します。

「アクティブ リスニング」の具体的なスキルについては、この３つのステップに沿って次章から詳しく説明していきます。

STEP 2

本番

「傾聴」と「問答」で会話を
盛りあげ、目標を目指す

→

STEP 3

フォロー

本番後も関係を深め、
次につなげる

ここがポイント!

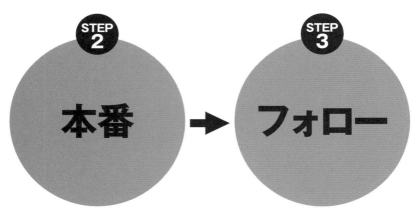

アクティブ リスニングは３つのステップで！

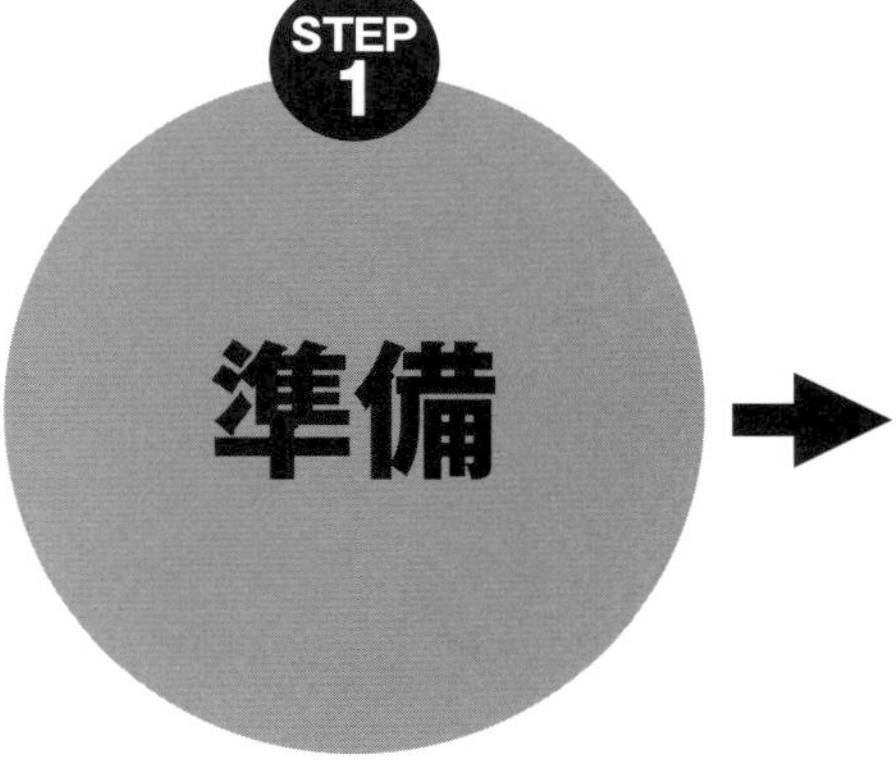
STEP
1
準備

目標確認と情報収集、
質問づくりで本番に備える

この3つのステップだけは、覚えてね！

「アクティブリスニング」の4つのメリット

ここでは本章のまとめとして、「アクティブリスニング」によってコミュニケーションでどのような効果が期待できるのかをもう一度、整理しておきましょう。

第1に、コミュニケーションがスムーズに進みます。

例えば初対面の場合、お互い無意識のうちに警戒心を抱き、「お手並み拝見」となるものですが、こちらがまず相手に「傾聴」の態度を示すことでそのハードルを下げてもらうことができます。相手が話しやすいと感じてくれれば、間違いなくコミュニケーションはスムーズに進み始めます。

面接のようにこちらが質問を受ける場面でも基本は同じです。**相手が聞きたがっていること、知りたがっていること**があるはずなので、それをちゃんと理解して受け答えしたり、よくわからなければ聞こうとする姿勢を示し、さらに相手に対する関心や興味を表現できれば必ず効果があります。

第2に、コミュニケーションが深まります。

一見、話が弾んで楽しそうなコミュニケーションのように見えて、実際には上滑りの会話で終わっていることがよくあります。お互い準備不足であったり、何のためにコミュニケーションしているのか意識していないからです。

それに対して**「アクティブ リスニング」では、自分のゴールを確認し、相手のメリットも考えながら、事前に質問をつくったりします。**

本番ではこうした質問や、相手の話を聞いての感想を投げかけることで、相手から「よくわかっているな」「話ができるな」と信頼してもらいます。

その結果、コミュニケーションがしっかり噛み合い、深まっていくのです。

第3に、コミュニケーションの成果が出やすくなります。

コミュニケーションがスムーズに進み、内容的にも深まっていけば、当然、自分の目標に到達しやすいでしょう。

それだけでなく、**相手のこちらに対する親近感、信頼感をベースに想定以上の大きな成果を効率よく実現することも可能になります。**例えば、何度も会ってようやく得られる同意や納得を一度会うだけでもらえたりするのです。

第4に、コミュニケーションが次へとつながっていきます。

相手にとって楽しく気づきの多いコミュニケーションであれば、「また会ってみたい」「今度はこんな話をしてみたい」と思ってもらえます。次のオファーがしやすくなったり、相手から声を掛けてもらえるようになったりします。

こうして、「アクティブ リスニング」によって一回一回のコミュニケーションが自分にとっても相手にとっても有益なものになれば、どんどんチャンスやネットワークが広がっていきます。

まさに人生のポジティブなスパイラルに入っていけるのです。

「アクティブ リスニング」には4つのメリット

1
コミュニケーションがスムーズに進む

2
コミュニケーションが深まる

3
コミュニケーションの成果が出やすくなる

4
コミュニケーションが次につながっていく

第2章

「準備のスキル」で、本番を最高の状態で迎える！

まずは、14の「準備のスキル」を身につける

「ユカさん、アクティブリスニングの準備って何からやればいいんですか？」

「まず、目標をはっきりさせることだね。具体的には、相手と会って何を実現したいのか、自分の目標を確認すること」

「そんなの、わかってるんじゃないですか？」

「いや、会うこと自体が目的になっていたり、意外に漠然としていることが多いよ。それと、もうひとつ忘れてならないのは相手にどんなメリットを提供できるか考えること」

「そっちは逆に難しそうですね」

「そうかな。どうしたら相手が喜んでくれるか、喜ぶ顔を想像してみたらいいんだよ」

「準備」とは、「目標確認」「情報収集」「質問づくり」の3つ

「アクティブ リスニング」の実践における第1ステップは「準備」です。「準備」をきちんと行うかどうかで、第2ステップである「本番」がうまくいくかどうかが決まります。

特に、相手との会話の合間、合間に質問や感想などを投げ掛ける「問答」が上手に、また効果的にできるかどうかは、準備によって大きく変わります。

重要な商談や会議、面接などどうしても結果を出したいケースでは、準備をしっかり時間と手間ひまをかけて行うことをお勧めします。

「準備をしっかり」なんて当たり前と思うかもしれませんが、問題は何を行うかです。

「アクティブリスニング」の準備では具体的に、**「目標確認」「情報収集」「質問づくり」**の3つを行います。

まず**「目標確認」とは、相手と会う際に達成したい自分の目標を確認するとともに、相手にどんなメリットを提供できるか、どうしたら相手が喜んでくれるか考えることです。**

これらが曖昧なままだとせっかく会っても会話が噛み合わなかったり、あたりさわりのない表面的なコミュニケーションで終わってしまうおそれがあります。

「情報収集」では目標に合わせて、相手のバックグラウンドを調べたり、思考や行動のパターンを推測したりしてみます。同時に、相手に対しての自分の強みは何か、相手の役に立てるような材料はないかについても検討します。

3番目の「質問づくり」では、「目標確認」と「情報収集」を踏まえつつ、準備の仕上げとして質問をいくつか用意してみます。また、質問を並べて、次のステップである「本番」ではどのような流れで会話を進めるのか簡単にシミュレーションしてみます。

「準備」では何をすればいいのか

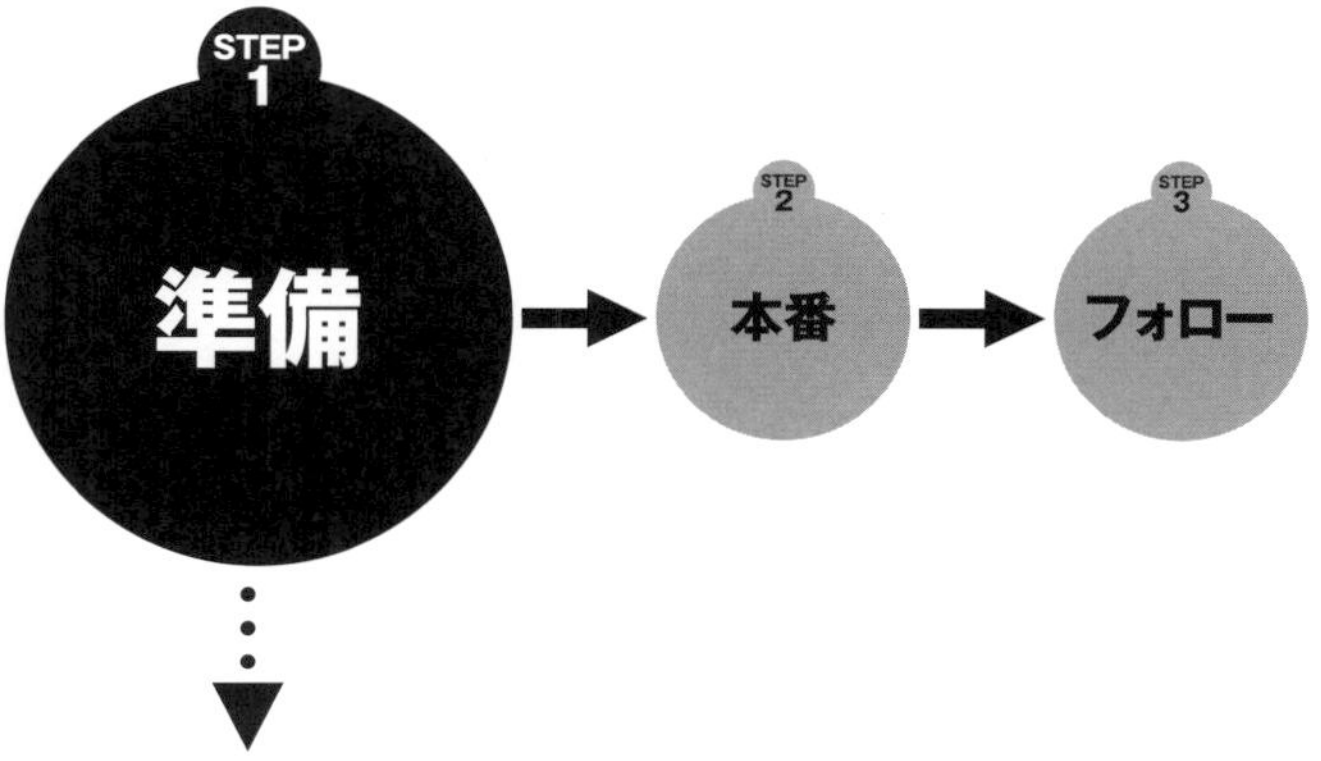

目標確認

——自分の目標を確認し、相手のメリットも考える

情報収集

——目標に合わせて、相手の情報を集める

質問づくり

——質問をつくってみて、本番での流れを考える

準備

【準備のスキル1】

自分が目指す「目標」を、まずは明確にする

コミュニケーションの目的は基本的に、相手の納得や同意のもと、自分の「目標」に到達することです。

ビジネスであれば、「大型契約をもらう」「自分の提案を企画会議で承認してもらう」「こじれたトラブルの処理案を受け入れてもらう」といったことです。

私はテレビのインタビュー番組を担当していた頃、インタビュー相手からこれまで聞いたことのない新しいコメントをもらったり、とびっきり素敵な表情を見せてもらったりし、そのことで視聴者に「面白かった！」「ためになった！」と思っ

準備のスキル1

○ 「ぜひ達成したい」と心から思える目標が明確になっている

× そもそも何のために相手と会うのか、あいまい

てもらうことを目標にしていました。

目標は、仕事での売上目標などでもいいですし、個人的な希望や野心でも構わないと思います。目標が同時に複数あってもいいでしょう。

大事なことは、「ぜひ達成したい」と自分が心から思える目標かどうかです。

強い思いがあればこそ、準備もしっかりできるでしょうし、本番で多少、緊張しながらも相手との会話に集中できるはずです。

準備

【準備のスキル2】「目標」までの中間点をいくつか設定する

「目標」には、テレビのインタビュー番組のように相手と会うその時一回限りのものもあれば、何回も面談や交渉を繰り返して目指すものもあるでしょう。

ビジネスでは一般的に、後者が多いかと思います。そういう場合、**目標までのプロセスを考え、相手と会うたびにどこまで進むか、中間点をいくつか設定しましょう。**

「大型受注をもらいたい」ということであれば、自社の製品やサービスの紹介に始まり、相手のニーズや要望の確認、それを受けての再提案、価格についての交渉、受け渡し条件の詰め、といった手順を踏むことになるはずです。

そこで、例えば「自社の製品やサービスについて他社との比較優位性を理解してもらう」という中間点を設定し、そこまで行けば20％到達、「相手方にとって優先順位の高い条件を3つに絞る」という中間点まで行けば40％到達、「価格以外のメリットを説明する」という中間点まで行けば60％到達、というように計画を立てるのです。

なるべく細かく目標までの中間点を設けることで、一回一回相手と会う際に何をなすべきかがより明確になり、本番での受け答えにもめりはりが出てくるはずです。

準備のスキル2

○ 目標までの中間点が細かく設定されている

× 目標に至るプロセスが見えていない

準備【準備のスキル３】
相手に提供できるメリットを、同時に考える

目標設定ではもうひとつ、自分が相手に提供できるメリットについて考えます。簡単に言えば、「どうしたら相手が喜んでくれるだろうか」ということです。

これも、**自分の最終目標に対応した大きなメリット**と、**一回一回、中間点において会う際の小さなメリット**に分けて考えるといいでしょう。

小さなメリットは、文字通り小さなことで構いません。新商品の提案をするとして、あらかじめ用意された資料に自分なりの補足メモを付けるとか、相手の担当者が「最近、運動不足で……」と言っていたとしたら、自宅で簡単にできるストレ

準備のスキル3

○ **相手のメリットも考える**

× **自分のことばかり考えている**

ッチ法を調べて教えてあげるといったことでもいいでしょう。

なぜ相手のメリットを考えるかといえば、自分の目標ばかり意識しているとどうしても利己的になってきます。そういう雰囲気は本番で相手と向かい合った時、不思議とにじみ出てくるもので、「この人は自分のことばかり考えているな」と相手が感じとってしまうのです。

準備の段階から相手のメリットを意識し、相手の喜ぶ顔を思い浮かべていれば、その気持ちが本番でもにじみ出て、必ずコミュニケーションの潤滑油となります。

準備

【準備のスキル4】

いつまでに何をどう調べるか、スケジュールを立てる

ビジネスにおいては本番までの時間が限られるケースが多く、**相手に関する情報を集めるには事前にスケジュールを立てることが不可欠です。**

情報源としては、インターネット、紙媒体（新聞、雑誌など）、人からの情報の３つに分けるとよいでしょう。それぞれ何を調べるか、いつまでに調べるか、リストに書き出し

て順番をつけてみましょう。

一番簡単なのは、インターネットです。本番の予定が決まれば、すぐ取りかかります。相手が有名企業や有名人であれば、グーグルなど検索エンジンで調べればいいでしょう。その際、上位に出てくるものだけでなく、少し後ろのほうまでチェックします。誰かが相手の講演会での発言をポロリと紹介していたり、結構参考になる材料があったりします。

相手が普通の人の場合、フェイスブックやツイッター、インスタグラムなどのＳＮＳが便利です。海外とビジネスされていたり、留学経験者であれば、リンクトインやマイスペースを利用していらっしゃるかもしれません。

ＳＮＳは簡単な情報が多いですが、「セミナー

準備のスキル4

○　相手に関する情報を集める
スケジュールを立てる

×　相手について何となく知っている
つもりのままでいる

によく参加されているな」「相当なグルメだな」「猫好きなんだ」「お子さんは陸上をしているんだ」など、本人がいま何に興味があるか、まわりにはどんな人がいるのかがリアル・タイムでわかります。フェイスブックでは、友達の顔ぶれから好みや思考を推測することもできるでしょう。

紙媒体については、相手（特に企業）に関連した新聞、雑誌、書籍などを探します。手元になければ図書館や書店に出向く時間と手間がかかりますが、まとまった情報を入手できるので余裕があればぜひ実行したいところです。本番までの日程を見ながら、最低2〜3時間、できれば半日程度確保できないか検討してみましょう。

なお、新聞、雑誌について最近はインターネットでの検索サービスがあるので、上手に利用するのもいいでしょう。私は以前、日経テレコンを使って、新聞や雑誌の記事をよくプリントアウトしていました。またいまは、スマートニュースやグノシー、ニューズピックスなどのニュースキュレーションサイトを使っています。

準備

【準備のスキル5】共通の知人に、相手と会う予定を伝える

最近はインターネットでかなりの情報が得られます。しかし、それだけでは不十分です。相手（特に担当者）を知っている人からも情報を得るようにしましょう。

ひとつは、共通の知人に聞くことです。私はよく、フェイスブックなどSNSで相手の交友関係を確認します。フェイスブックでは、共通の友達という欄がありますので、事前にその中の数人に「ご無沙汰しています。今度○○さんとお会いする予定なんです」とご報告します。

あるいは、仕事のメールを送った際に追伸で「××さんに今度お会いします。最近のご様子ご存知ですか？」と付け加えることもあります。

多くの場合、「××の時にお世話になって、大変面倒見がいい方なんだよ」とか「仕事には厳しいけれど、ゴルフが大好きでね」といったコメントをいただけます。

このような共通の知人からの情報は、ご本人の素顔や人柄を知るのに役立ちます。また、共通の知人は、コミュニケーションの本番でもちょっとした話題になります。「○○さん

が〝よろしくお伝え下さい〟とおっしゃっていました」と伝えれば、打ち解けるきっかけになる確率は高いと思います。

もちろん、共通の知人といっても、すぐ声を掛けられるくらいに親しい人から、一度しか面識がない人まで様々ですが、私は一度しか面識がなくても再びご縁をつなぐ思いでお声掛けさせていただいています。

SNS以外では、社内外の打ち合わせや立ち話のついでに、「今度、××さんにお会いするんです」とひと言はさんでみるとよいでしょう。私もSNSがなかった時はよくこの方法を使って、取材相手の人柄や評判を聞いていました。

なお、相手の情報を得るためだけに、無理やり共通の知人をつくろうとしたり、意識的に紹介し

準備のスキル5

○ SNSや社内外で相手に会うことをさりげなく伝える

× 無理やり共通の知人をつくろうとしたり、意識的に紹介してもらったりする

てもらったりする必要はありません。**自分が持っているネットワークの中から自然に集まってくる情報に耳を傾ければいいのです。**

結果的にそれが、相手への理解を深め、自分との共通点や違いを浮かびあがらせ、自然な形でご縁を結ぶことにつながります。

準備

【準備のスキル6】相手の近くにいる人に、フォーカスする

相手のごく近くにいる人からは、もっと深い情報が得られます。

例えば、**人間は自分とどこか似た人がそばにいると安心する**といいます。そばにいる人を見れば、相手がどういうタイプか知るヒントになります。また、そばにいる人たちの口癖や態度は、相手にとって馴染みのあるものなので参考にするとよいでしょう。

もっと直接的に、**相手に面と向かっては聞けないけれど、事前に知っておきたい一歩踏み込んだ情報を入手することもできます。**

私はテレビのキャスターをしていた時、インタビュー相手の秘書や広報担当の方から必

ず事前に、お話を伺うようにしていました。

もちろん、秘書や広報担当というのはガードが堅い方たちなので、一歩踏み込んだ話を伺うには仲良くなる必要があります。しかも、時間的な余裕がないことがほとんどです。

なるべく短時間で仲良くなるため、私は自分に対して**「高校時代、お世話になった先輩に久しぶりに連絡をとるんだ」といった暗示をかけ、親しげな感じで接するようにしていました。**

こちらはインタビューをお願いしている立場であることを肝に銘じつつ、そこに少し親近感をプラスするのです。メールなら「P.S.」(追伸)でエピソードを付け加えたり、電話では最後に「最近、暑くて夏バテしちゃいました。○○さんも気をつけて下さいね」とひと言添えたりしました。

こんなやり取りを何回か繰り返すと不思議に心

準備のスキル6

○ 相手の近くにいる人からいろいろな情報を得る

× 相手の近くにいる人をあまり気にしない

理的な距離が縮まり、先方の上司について「お好きなものはありますか？」「いま、一番お気に入りのご趣味は？」「お子さんがいらっしゃるとお聞きしましたがおいくつですか？」といったことをさりげなく聞くことができました。また、先方からも自然と情報を提供していただけたのです。

外国からの著名なゲストのケースでは、小さい女のお子さんがいて「キティちゃんが好き」という情報を秘書の方から事前にもらえました。そこで、お土産に日本国内限定のグッズを手配。気難しいことで有名な方だったのですが、インタビュー前の打ち合わせで手渡したところ思わず顔がほころび、本番も和気あいあいとした雰囲気で進めることができました。

こういう情報収集のやり方は、特に大きな商談などで相手のキーパーソンにアプローチする際、効果があると思います。

準備

自分の目標に必要な情報を絞って、集中的に調べる

【準備のスキル7】

情報は、あればあるだけいいと考えがちです。相手のことを調べようと思えば、「現在」「過去」「仕事」「プライベート」「趣味」「興味」などどんどん広がっていきます。しかし、情報収集に完璧を期すあまり、他の仕事に差しさわりが出るようでは本末転倒です。

限られた時間で最大の効果を得るには、**相手の情報の中でも自分の目標に必要なものは何なのか、優先順位をつけて絞るべきです。**

例えば、初めて会う相手に、自分の名前と存在を覚えてもらいたいとします。この場合、まずは

準備のスキル7

○ **自分の目標に必要な情報に優先順位をつける**

× **適当に手をつけやすいところから調べる**

お互いの共通点を話題にできれば相手の記憶に残りやすいので、**相手の出身地はどこか、干支は何か、年上の人なら自分の親と年齢が近くないか、出身校はどこか、**などを最優先に調べます。

初めて取引したい企業であれば、優先順位として上位に来るのは、その**企業の主力商品や主力事業は何で、どんな課題を抱えているのか、今後どんなマーケットを目指そうとしているのか、**といった情報でしょう。

当たり前といえば当たり前なのですが、事前にそうした点を意識しながら集中的に情報収集することで、相手にアピールする自分（自社）の強みやポイントが自然に見えてくるはずです。

準備

【準備のスキル8】

ここ一番や重要な相手は、バックグラウンドまで調べる

通常はいま述べたように、焦点を絞って情報収集するほうが効率的ですが、絶対に決めたい商談とか人生をかけたプレゼンの場合には、**表からは見えにくい相手のバックグラウンドまで探ってみるのがお勧めです。**

例えば、**家族構成や生い立ち**です。兄弟姉妹がいるのか一人っ子なのか、兄弟姉妹がいるなら長男長女なのか末っ子なのか、学校はずっと私立なのか、あるいは中学校を卒業してすぐ働きはじめたのか。そういう情報を集めていくと、ものの考え方や価値観についてなんとなく「こうじゃないかな」ということが感覚的にわかってきたりします。

私はよく、**相手が学校を卒業し、就職した当時の経済情勢がどうだったかを調べます。**卒業時の景気状況がその人のキャリアや職業観を大きく左右するという研究があり、実際、世代によってかなり違うのです。

インタビューではそうした世代感覚に合わせて質問することで、より共感を得やすくなったり、

準備のスキル8

○ ここ一番では相手のバックグラウンドまで調べる

× 重要な相手なのに表面的なことしか知らない

話が深まったりすることが何度もありました。

自分にとってのキーパーソンについては、こうした情報を少しずつでもいいので集め、手帳などに整理しておくといいでしょう。住所録に名前と連絡先を書き込んだらその余白に、あるいは面会の予定日が決まっているなら横のメモスペースに、

○○○○さん
・――年生まれ（××さん、△△さんと同世代）
・――大学○年卒業（○×さんと同窓）
・趣味：音楽鑑賞（毎年××のコンサートに行っている）
・好きな食べ物：甘いもの（特に××屋のどら焼き）
・家族構成：奥様（大学の同級生）、長男（中1）、長女（小5）、愛犬（チャッピー）
・就職当時：1980年代前半の不況期。就職活動では苦労されたらしい

などとメモし、新しい情報があればどんどん追加していきます。何度もそれを眺めていれば、自然に相手のことが頭に入ってしまうでしょう。

準備

相手との違いや共通点から、自分の強みを意識する

【準備のスキル9】

相手の情報を収集するのは相手を深く知るためですが、それは同時に**自分の「強み」を意識する**ためでもあります。

「強み」というと、圧倒的に相手や自分のライバルに対して抜きんでているものをイメージしがちですが、そんな必要はありません。**「ちょっとした違い」**でいいのです。大事なことは、**相手に新しい視点や気づきを提供できるかどうか**です。

例えば、あなたが20代、相手が50代だとします。この場合、20代だということが大きな強みになります。20代の意識や行動について相手も各種データやリサーチ・レポートを持っているかもしれませんが、皮膚感覚まではなかなかわからないはずです。

そこで、企画会議において、

「最近はビールよりチューハイを好む若い人が増えています。私のまわりでも、最初からチューハイを頼む人が少なくありません。『とりあえずビール』といった慣例にこだわらず、まわりの目も気にしないのです。自分が普段から親しんでいるものを、そのまま普通に選

ぶ感覚です。こういう感覚を、今度の商品開発で活かしてみたらどうでしょうか？」

などと提案してみるのです。

相手との共通点が、自分の強みになることもあります。わかりやすいところでは、同郷、同窓などです。あるいは、「○○社長はもともと営業でいらっしゃいましたよね。私もいま営業として大変苦労をしているのですが、営業の極意はどんなところにあるとお考えですか？」と、共通の職種を話題にすることもできるでしょう。

また、「××さんは以前アメリカに住んでいらっしゃいましたね。私も海外で働いてみたいのですが、やはりアメリカは働きやすいですか？」というように、自分の希望や夢の中から共通点を見つけ出すこともできます。

私はかつて、ノーベル経済学賞を受賞した米国のポール・クルーグマン教授が海外で開かれた国際会議で講演された折、取材に出かけたことがあります。

会議はそれほど知られたものではなく、日本から他のメディアは来ない見込みでした。外国メディアばかりの中で、私はクルーグマン教授と私だけの共通の話題がないか考え、日本の金融政策、金融市場についての質問を準備していきました。

１９９０年代後半、日本が金融危機に見舞われた時にクルーグマン教授は、日本政府や日本銀行の対応を厳しく批判していました。しかし、リーマンショックでアメリカが似たような状況に陥ると、アメリカ政府も日本と同じ対策を打ち出しており、日本に対するかつての批判についてどう考えているのか、コメントをもらおうと思ったのです。

「日本から来た谷本です。教授はかつて日本政府の対応を厳しく批判されていましたが、アメリカもいままったく同じ道を歩んでいるように見えます。これについては一体どうお考えなのでしょうか？」

この質問に対してクルーグマン教授は、

「確かに、私やアメリカ政府関係者は日本に対して景気刺激策が足りないとか銀行への対処が甘いと批判していました。このことについて、我々は深く謝らなければならないと思います」

準備のスキル9

○ 相手との共通点や違いを自分の「強み」として意識する

× 自分の「強み」という意識がない

と答えてくれました。

アメリカ人はなかなか「謝る」という言葉は使いません。この様子をテレビカメラに収めることができ、ちょっとしたスクープになりました。

準備

【準備のスキル10】テーマ、切り口、強みで、「筋肉質な質問」にする

質問をつくる際のポイントは、

- **相手に刺さるテーマや話題について**
- **ライバルとは違う切り口で**
- **自分の強みと関連づけて**

ということです。この3つを満たした質問を、私は**「筋肉質な質問」**と呼んでいます。

第1に、**相手に刺さるテーマや話題**は、相手の関心を引き付け、こちらの話にも耳を傾けてもらうカギです。事前の情報収集から、「これは」と思うものをなるべくたくさん挙

げてみましょう。

例えば、相手がBtoCの商品開発担当者であれば、ターゲット・ユーザーの動向やライバル企業の動きは鉄板のテーマです。新聞、雑誌、テレビ、ネット投稿などから面白そうな話題を集めます。時には、自分の足を使って現場を回ってみることも重要でしょう。

第2に、**ライバルとは違う切り口**です。

同じようなテーマや話題でも、切り口によって質問の印象は大きく変わります。先ほどのクルーグマン教授への質問は、周囲が外国メディアばかりの中で、過去の日本政府への教授の批判と関連づけたことが独自の切り口となって効果があったのだと思います。

同じ相手でも、ライバルは時と場合によって異なることがあります。普段から誰がライバルなのか意識することも必要です。

第3に、**自分の強みとの関連づけ**です。

先ほども申し上げましたが、相手との共通点が強みになることもあれば、異なる点が強みになることもあります。質問にあたっ

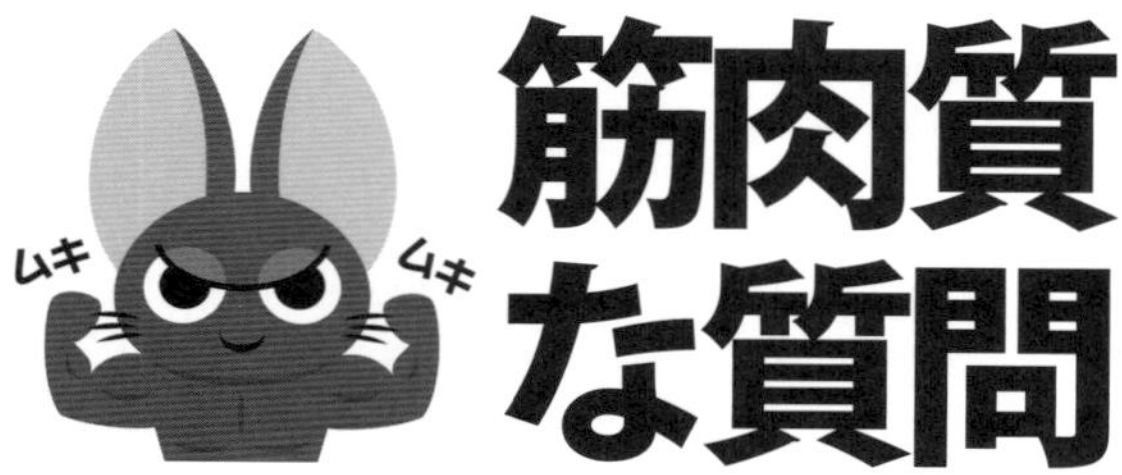

「筋肉質な質問」はこうしてつくる

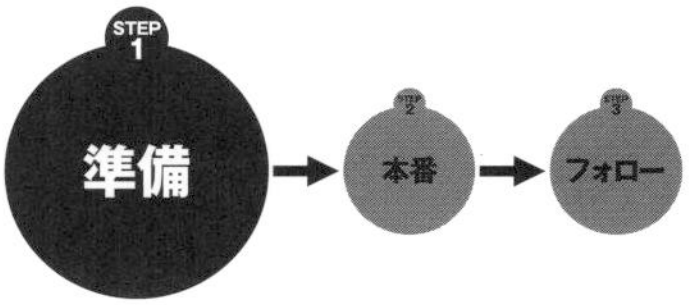

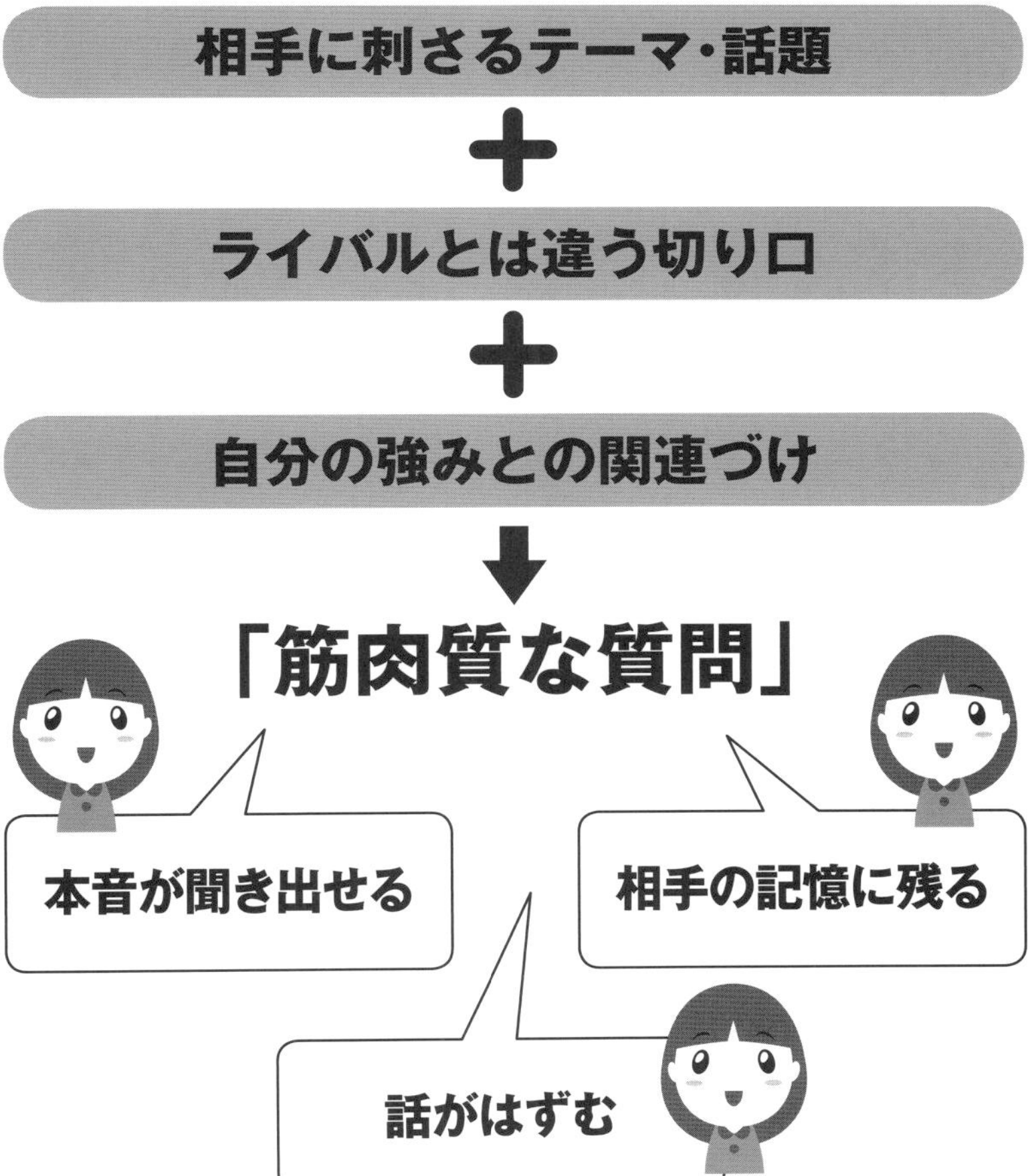

て、どちらを使えばいいかはよく考えましょう。

一般的に、**初対面だったりお互いまだよく知らない相手に対しては共通点を強みにして、すでによく知っている相手であれば異なる点を強みにして**、質問するのがいいと思います。初対面でいきなり異なる点を持ち出すと、相手を警戒させかねません。逆に、よく知っている相手に対し共通点を挙げても、あまりインパクトがないからです。

かつて私は、スターバックスのハワード・シュルツ社長が来日され、インタビューできることになった時、自分なりのオリジナルな視点で、しかも「君、よく気づいたね」と思われる質問をしたいと考えました。

そこで都内にあるスターバックスのお店をいくつか回り、店舗の雰囲気やメニュー、スタッフのサービスなどをチェック。インタビュー本番では、日本だけの独自メニューとして販売を始めたばかりのサンドイッチについて触れることにしました。

本番ではまず、アメリカに留学していた頃、よくスターバックスを利用していたので、コーヒーのおいしさや独自のインテリアについては理解していることをさりげなく伝えました。その上で、

「新しくメニューに取り入れられたサンドイッチの売れ行きはいかがですか？　個人的な

感想なのですが、喫茶店でおいしいサンドイッチが出てくるのに慣れている日本人にとって、コンビニエンスストアのようにパッケージされたままで出されるサンドイッチとその味には、ちょっと違和感を覚えたのですが……」

というふうに質問しました。

すると、「具体的にはどこが問題だと思う？」と身を乗り出してこられました。「ズケズケ言うな」と思われたかもしれませんが、ユーザーの感想ですから「そうなのか」と気づく点もあったのでしょう。

「このインタビュアーだったらもう少し踏み込んで話をしてもいいかな」という感じになり、話はどんどん盛りあがりました。

準備のスキル10

○ **「筋肉質な質問」をつくる**

× **ありきたりな質問ですませる**

準備

【準備のスキル11】

相手の思考パターンを想像しながら、質問を考える

筋肉質な質問をつくるには、**相手の思考パターンを想像してみることがとても有効**です。そのためには、「こういうケースの時に怒りやすい」「こういうことに感動しやすい」「こういう部下を評価している（あるいは毛嫌いしている）」という事例やエピソードをなるべくたくさん集めておくといいでしょう。

そういう情報をもとに、自分が相手と話をするテーマや話題について、どういうふうに説明したり、尋ねたりすれば相手が受け入れやすいか検討してみます。

例えば、会社で上司に自分の提案を認めてもらいたいと思った時、その上司が若い頃はよく正論で上ともやりあっていた人なら、自分もそういう理詰めのアプローチを取り入れてみるのです。「若い頃の俺に似てるな」という受け止め方でスムーズにいくかもしれません。

こちらを論破しよう、潰してやろうと思っているような相手なら、自分に対してそういう態度や行動を取る理由を推測してみます。その思考回路がなんとなくわかれば、先手を打って攻められそうな弱点をカバーしたり、応援を頼んだり、上手に肩すかししたりする

ことだってしやすくなるでしょう。

私はかつてキャスターと兼務で報道番組の企画・演出をしようと考え、上司にプレゼンしたことがあります。

事前に上司の周辺にヒアリングしたところ、女性があまり出しゃばるのを好まないという話がありました。

ただ、普段の言動などを思い返してみると、女性が活躍するのを頭から否定しているわけではなく、長幼の序や男性の顔を立てることに無頓着だと機嫌が悪くなるように思えました。

そこで私はプレゼンで、

「こういった番組を企画したいと思っているのですが、私一人では荷が重そうなので誰か男性のトップをつけてもらえませんか？　場合によっては

準備のスキル11

○ 相手の思考パターンを想像しながら質問を考える

× 自分の関心や興味だけで質問を考える

部長にぜひ入ってもらえませんか？」

と聞いてみたのです。

すると「いま俺は忙しいし、他にいい候補もいないから君が自分でやってみれば」とスムーズにOKをもらえました。

準備

【準備のスキル12】自分のパーソナリティと関連づけて、質問をつくる

筋肉質な質問づくりでは、自分のパーソナリティと関連づけることも役に立ちます。ビジネスライクな商談であっても、自分の性格やキャラクターを踏まえて本番の時、どのように相手へアプローチすればよいか考えるのです。

例えば、あなたは自分のことを「社交的」なタイプだと思っていますか、それとも「非社交的」なタイプだと思っているでしょうか。

社交的＝良い、非社交的＝悪い、ということではありません。社交的なパーソナリティにもネガティブな面がありますし、非社交的なパーソナリティにもポジティブな面があります。大事なのは、自分のパーソナリティを踏まえた質問や対応を意識することです。

具体的には、３つのアプローチがあると思います。

第１は、自分のパーソナリティを強調し、際立たせるやり方です。

私の学生時代のクラスメイトで、真面目だけが取り柄といった感じの男性がいます。いつも無口で、時々、口を開いてもあまり印象に残らないようなことや杓子定規の受け答えをボソッと言うのです。

そんな彼でしたが、「それについてはこういうデータがあり、参考になると思うのですが？」とか「その考え方の裏には、～というロジックがあるのではないでしょうか？」というように、客観性や論理性を意識した質問をするようにしたら、その口調とあいまってまわりに対する説得力が格段にアップ。重要な場面で彼の意見がたびたび採用されるようになったといいます。

第２は、ギャップを演出するやり方です。

自分のパーソナリティについてまわりが抱いているイメージを意識的に崩し、インパクトを与えるのです。

私はテレビの本番中はクールで落ち着いた態度をとりますが、事前の打ち合わせやＣＭ中はあえて失敗談やプライベートなことを話すようにしています。

例えば、駅のホームで慌てて派手に転んだことや、急な葬儀の席に赤いネイルで行ってしまったことなどを手短にお話しすると、相手はちょっと驚いた表情を浮かべ、次の瞬間にはクスッと笑って下さいます。

どちらかというと地味な印象の方なら「ところで私、実はパンクバンドを友人たちとやってまして……。○○さんはパンクなんて聞かれます？」とか、細身でひ弱そうに見られる方なら「この前の日曜日、地元の空手大会に出場して準優勝したんです。こう見えて黒帯で驚かれるんですが……」、などと自己紹介すると印象的でしょう。

こういう場合、つくり話ではなくて自分のパーソナリティとギャップのあるエピソードや話題を選ぶことはお忘れなく。

第3は、自分のパーソナリティはひとまずおいて、仮面（ペルソナ）をつけるやり方です。

私の場合、外国の要人やトップなどにお会いす

準備のスキル12

○ 自分のパーソナリティを踏まえた質問や対応を意識する

× 「自分は社交的なタイプじゃないし」などとネガティブに考えてしまう

自分のパーソナリティと質問はこうやって関連づける

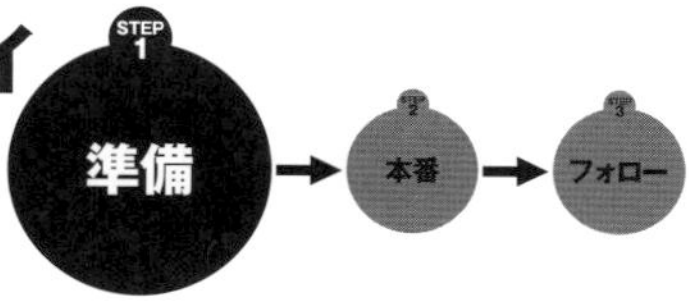

1.

自分のパーソナリティを強調する ➡ 真面目な人なら……

客観性や論理性を意識した質問をする

2.

ギャップを演出する ➡ 一見クールな人なら……

失敗談やプライベートなことを盛り込む

3.

自分のパーソナリティはひとまずおいて仮面をつける ➡ はるかに目上の相手には……

心の中では自分も同格のつもりになる

る時は、自分も日本を代表しているんだと強く意識するようにしていました。

国を代表している人間なら表情はきりっと引き締まり、緊張しているところはおくびにも出さず、相手のどんな言動にもひるまないで、スタッフやまわりに余裕を見せるはず、などと考えそのように振る舞うのです。

質問も国の代表にふさわしい大所高所からを意識し、さらには「あなたの答えは私を通して日本全体に伝わるんですよ」という思いを込めました。

こういうふうにやると、本番中はもちろん、対談が終わった後も気後れせずに相手と握手できるのが不思議でした。

ビジネスではるかに目上の人と会う時など、分をわきまえることはもちろん大事ですが、**心の中では同格のつもりになって、質問を考えるといい**でしょう。その気迫や威厳は必ず相手に伝わります。

準備【準備のスキル13】

質問を、大まかな台本にまとめてみる

「筋肉質な質問」がいくつかできたら、台本にまとめてみましょう。

それぞれの質問はこちらが聞きたいことや伝えたいことがベースになっているはずですが、それだけでは話の流れが見えてきません。相手にとって違和感なく話が進むにはどの順番で聞けばいいのか考え、表現も調整します。

例えば、相手と共同で新しいプロジェクトを始めることが目標だとします。急に「一緒に何かやりましょう」と切り出すのは普通、不躾ですので、まずは相手が最近、何をしているのか、これから何をしようとしているのかを質問の形で確認します。

その上で、

「なるほど。○○さんが取り組まれている××、非常に面白いですよね。私も以前〜をしていたことがあるんです。ですので、お力になれないかと思いながら伺っていました。少し、ご説明させていただけませんか？」

「実は、当社ではいま、××ということをやっており、大変好評をいただいています。お話を伺っていて、御社のビジネスにもお役に立つのではないかと感じました。つまり、……」などと、伝えていきます。

あるいは、転職を考えていることを上司に打ち明ける場面を考えてみましょう。辞めるとすでに決めてしまっているなら別ですが、社内での異動など他の可能性も探ってみようと思っているなら、いまの自分をどう評価しているのか、期待していることは何か、自分の役割として何ができそうかを聞いてみます。

その上で、

「実は、しばらく前から～（部門や職種）をやってみたいと思っています。会社に貢献できる自信もあるのですが、難しいようなら別のところでチャンスを探すという選択もあるかなと……。課長は正直、どう思われますか？」

といった感じで続けます。

いずれにしても、**単刀直入に言いたいことや聞きたいことを切り出すのではなく、質問の形でそれとなく話をリードし、自然な流れで本題に入っていくのがコツ**です。

こうした台本はメモ書きにしてもいいですし、頭の中で「最初はこの質問をして、それに相手がこう答えるだろうから、次にこの質問をして……」などとシミュレーションするのもいいでし

準備のスキル13

○ 質問がいくつかできたら、順番を考えたり表現を調整したりする

× ぶつ切りの質問がそのまま並んでいる

ょう。

相手の答えによっては流れが大きく変わったり、まったく別の方向にいくかもしれません。でも、「ここでこんなふうに突っ込まれるかもしれない」「この流れなら自然に受け止めてもらえるんじゃないかな」といろいろなパターンを考え、答えを用意しておくことが、必ず本番で役立ちます。

もうひとつ、台本のメモの例を挙げておきますので参考にしてみて下さい。

目標：得意先の部長に新しく担当になった自分の名前を覚えてもらい、次回のアポにつなげる

（1）インパクトのある自己紹介

「草食男子に見られることが多いのですが、これでも大学までずっと野球部でした。部長も以前、野球をやってらっしゃったとお聞きしましたが？」

（2）取引に関する状況確認

「いまの弊社のサービスについて、何かお気づきの点とかご不満の点はありませんでしょうか？　新しく担当させていただくにあたって、ぜひ忌憚のないご意見をいただきたいと

思いまして」

（3）相手へのメリット

「最近は体育会系でもマッチョタイプは減って、見た目草食系が多くなっています。でも、まわりと力を合わせ、最後まで頑張れるところは強みだと思います。私の後輩もそういう感じの人間が多いですね。部長は人事も担当されているそうですが、いかがお感じですか？　若い世代の意識についてリサーチされたい時はぜひ、お手伝いさせて下さい」

（4）次回のアポイント

「今日、ご指摘いただいた点については持ち帰ってすぐ上司に確認します。新しいご提案も含めて、お持ちしたいのですが、来月のご予定はいかがでしょうか？」

準備

【準備のスキル14】朝5時に質問を考える

「筋肉質な質問」をつくったり、台本を考えたりするには、頭がすっきりしていてクリエイティブな発想がポンポン浮かぶような状態でなければなりません。

それには**早朝、出勤の準備や仕事の用意に取り掛かる前の時間帯がいいと思います。**例えば**朝5時に起きて、30分とか1時間だけと区切って質問を考えることで集中力が高まり、脳をフル回転させやすい**のです。

反対に、インターネットでの情報収集や質問のたたき台になるアイデア出しといった下準備は、それほど集中してやる必要がありません。ひと仕事終えた後、頭がちょっと疲れているくらいの時にやるといいでしょう。忙しい時にやるとむしろ気が急いてイライラしてくることがあります。頭の状態に応じて作業を分けることも大切です。

以上、「準備」のスキルをいろいろご紹介してみました。限られた時間のなかで、いかに効率よく、中身の濃い準備をするかで、本番の成果は大きく変わります。ぜひ意識してみて下さい。

準備のスキル14

○ **頭がすっきりしている時間帯に集中して質問をつくる**

× **頭がちょっと疲れている時には簡単な情報収集やアイデア出しを行う**

準備

【準備のスキル】のまとめ

1. 自分が目指す「目標」を、まずは明確にする
2. 「目標」までの中間点をいくつか設定する
3. 相手に提供できるメリットを、同時に考える
4. いつまでに何をどう調べるか、スケジュールを立てる
5. 共通の知人に、相手と会う予定を伝える
6. 相手の近くにいる人に、フォーカスする
7. 自分の「目標」に必要な情報を絞って、集中的に調べる
8. ここ一番や重要な相手は、バックグラウンドまで調べる
9. 相手との違いや共通点から、自分の強みを意識する
10. テーマ、切り口、強みで、「筋肉質な質問」にする
11. 相手の思考パターンを想像しながら、質問を考える
12. 自分のパーソナリティと関連づけて、質問をつくる

13．質問を、大まかな台本にまとめてみる

14．朝5時に質問を考える

第3章

「本番」では、「傾聴」と「問答」の組み合わせで、120％の結果を！

15の「傾聴のスキル」、15の「問答のスキル」を身につける

「ユカさん。『アクティブリスニング』の本番は『傾聴』と『問答』ですよね？」

「うん、そうだよ」

「何か注意することってありますか？」

「そうだね。準備をしっかりやった人ほど『問答』に気をとられがちになるけど、最初にやるのは『傾聴』だってことを忘れないでね」

「相手の話に耳を傾ける、ですよね」

「耳を傾けるっていうと簡単そうに聞こ

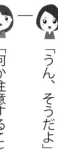

えるけど、特に心構えが大事だよ」

「わかりました！」

「傾聴」は、心構えと身振りが大事！

「アクティブ リスニング」の実践における第2ステップは、商談やプレゼンテーション、面接などコミュニケーションの本番です。

本番では「傾聴」と「問答」という2つの「聞く」を駆使して、自分の目標を目指します。

もう一度確認しますが、「傾聴」としての「聞く」は、相手の話に耳を傾け、気持ちよく話してもらうことが目的です。

そして、**「傾聴」において忘れてならないのが心構え**です。

「相手の話に耳を傾けるなんて簡単じゃないか」と思われるかもしれませんが、そうではありません。簡単にできると思っていること自体、傾聴がうまくできない原因になっているケースが多いものです。

自分では相手の話に耳を傾けているつもりでも、ほかのことを考えたり、気をとられたりすることってないでしょうか。そういう微妙な変化は不思議なほど相手に伝わり、「なんだかつまらなそうだな」「こんな話でいいんだろうか」という戸惑いを抱かせます。

一度、そういう戸惑いが相手に生じると話がだんだんぎこちなくなってきて、コミュニケーションの質が下がっていきます。

逆に、あまり相手の顔をまじまじと見つめ、手にはペンとノートを持ってひと言も聞きもらすまいと身構えたりするのも違います。真面目な人ほど相手の話に耳を傾けるというとそんなふうになってしまうのですが、相手にプレッシャーや不快感を与えるのは「傾聴」とは言えません。

だから心構えが大事なのです。

「傾聴」にあたってはまた、身振りがとても重要な役割を果たします。壁に向かって話をしているような感じだと、相手は「この人、話についてこれているんだろうか」「ちゃんとわかっているのだろうか」と不安になるものです。

適切なタイミングでこちらが頷いたり相槌を入れたりすると、相手としては一方的にしゃべっているとしても、コミュニケーションの太い糸がつながっている感じを持つことができます。

本番

【傾聴のスキル1】相手が最高の気分で話せる雰囲気で迎える

「傾聴」における心構えの基本は、相手に敬意を示すことです。それは、相手を迎える雰囲気に表れると私は考えています。

日本人は意外にこのことに無頓着で、話の内容こそ大事であり、それがきちんとしていれば問題ないと考えがちです。

しかし、雰囲気がコミュニケーションに与える影響は無視できません。ましてや、絶対に結果を出したいという重要な本番では、雰囲気にぜひ注意を払うべきです。

私はこれまで自分でも分不相応ではと思うくらい、国内だけでなく世界中の素晴らしい方たちにインタビューする機会に恵まれました。そのため、**いつもどうしたら最高の気分で話していただけるだろうかということを真剣に考えてきたつもりです。**

ほとんど無名の若い女性インタビュアーに対し「大丈夫？」と思われないようにするにはどうしたらいいか。また、長年お世話になった日経ＣＮＢＣはいまでこそ日経新聞社の真新しい本社ビルにスタジオがありますが、以前はかなり古ぼけたビルの一室をスタジオに使っており（すみません！）、「なんでこんな所でインタビューを受けないといけないんだ」と思われかねない感じがしていました。

相手に敬意!!

ですから、事前に相手の情報を集めて質問などを入念に準備することはもちろん、敬意や配慮が相手に伝わるような雰囲気には本番直前まで徹底してこだわっていました。

お茶をお出しするにしても、茶托に少しこぼれているだけで気分を害するゲストもいらっしゃるので、スタッフには「慌てず、ゆっくりでいいから、こぼさないでね」といつも念を押していました。お湯呑みもプラスチック製などは一切使わず、番組スタッフがつくった本格的な焼物を用意したりしていました。

その他、私がよくやったのは、**相手のお好きな飲み物や食べ物を用意すること**です。好みがわからない時は、**話のネタになりそうな流行りものや手づくりのグッズを用意**しました。受付からお花を少しお借りして飾るというのもよくやっていました。

日々のビジネスでもこれは同じです。**「あなたのために」という心遣いは、どんな小さなことでもきっと伝わります。**

傾聴のスキル1

○ 相手が最高の気分で話せる雰囲気で迎える

× 話の内容こそ大事で、それがきちんとしていれば問題ないと思っている

相手が最高の気分で話せる雰囲気はこうしてつくる

STEP 1 準備 → STEP 2 本番 → STEP 3 フォロー

お茶を丁寧に出し湯呑みにもこだわる

↓

少しこぼれているだけで
機嫌悪くなる人も

一輪でもいいのでお花を飾る

↓

少しでも明るい
雰囲気に

相手の好きな飲み物・食べ物を用意する

↓

緊張をほぐしてもらう

流行りものや手づくりの品を用意する

↓

話のネタにする

本番

【傾聴のスキル2】相手先へ出向く時も、敬意のひと手間を惜しまない

ビジネスでは、相手のところへ伺うケースのほうが多いでしょう。そういう時も、どうやったら相手への敬意を示すことができるか考えます。

典型的なのは、自分の**出身地の名産品や話題のスイーツなどを手土産として持参すること**です。相手に手渡しながら説明すれば、会話の導入として重宝します。

取材でお会いしたことのある優秀なビジネスパーソンは、**大切なお客様のところへ伺う際は、1時間以上並ばないと買えないようなお菓子を買って持って行くようにしている**とおっしゃっていました。

もちろん、あまりかしこまったものだと相手も恐縮してしまうので、**そんなに高価ではないけど珍しいものがお薦め**です。お金ではなく、「どうしたら喜んでもらえるだろう」という気遣いと、そのために費やす時間や手間が大事なのです。

毎日、取引先や新規開拓先を訪ねる営業の方だと、毎回お土産を買ったりするのは現実的ではないかもしれません。そんな場合は、名刺やリーフレット、パンフレットにひと工夫しましょう。

私は長くフリーランスとして活動していて、名刺にはかなり凝っています。いま使っているのは**2枚の名刺をケースに入れ、合計3点を一つのセットにしたもの**。ケースは特に重厚感のある紙にゴールドとレッドを使い、コストもかかっています。

この名刺をお渡しすると必ず「へぇー、珍しいですね」「大事にとっておきます」などと言われ、相手が著名な方でもほぼ間違いなく、一度で名前を覚えていただけます。

後日、「金と赤のケース入り名刺の谷本です」とメールをしたりお電話をすると、「ああ、あの！」となって取材のアポイントがとりやすかったりするのです。

ビジネスパーソンの方ですと会社の名刺しか使えないでしょうが、**社内規定を外れない範囲で自**

傾聴のスキル2

○ **相手への気遣いが表れたものを持参する**

× **必要最低限のものしか持参しない**

相手先へ出向く時のひと手間はこうする

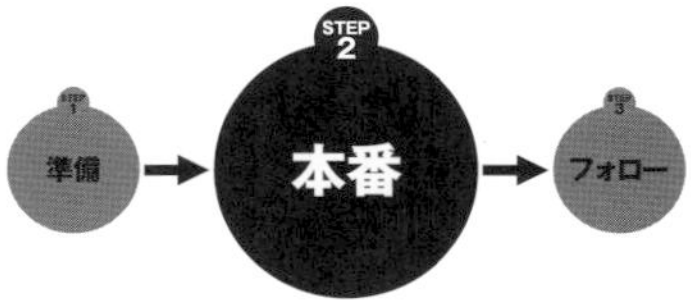

出身地の名産品や会社近くのスイーツを持参する

↓

自己紹介のツールとして

1時間以上並ばないと買えないようなお菓子を持って行く

↓

「わざわざ」をアピール

凝った印象的な名刺を用意する

↓

名前を覚えてもらいやすく

ひと言メモや手書きの説明を資料に付ける

↓

温かみを出す

分の顔写真や似顔絵を入れたり、簡単なシールを張ったりしてみてはどうでしょう。

会社のリーフレットやパンフレットも同じです。そのまま相手に渡すのではなく、**ポストイットで説明を加えたり、手書きのメモを添えたりする**のです。私はよく、資料のコピーなどをお渡しする時、手づくりのクリップでとめています。

私の知り合いには、自分の似顔絵をプリントしたチョコレートや消しゴムを大量につくって配っている強者もいます。

このように、ちょっとした工夫で相手への気遣いや敬意を表すと、その後の会話が全然違ってきます。

本番 【傾聴のスキル3】本番直前に、相手と笑い合っているシーンを思い浮かべる

大事な本番ほど、相手にリラックスしてもらうとともに、自分もリラックスすることが欠かせません。そのためには、**イメージトレーニングが効果的**です。

私の場合、テレビのインタビュー番組は毎回、その場限りの真剣勝負でした。キャスターの私が緊張して言葉が出てこないとか、緊張のあまり顔がこわばるとか、途中で詰まっ

てしまってお互い気まずい空気が流れるとか、そうした失敗は絶対あってはなりません。

私はそこで、本番5分前になると目をつむり、**頭の中でゲストと二人、リラックスして笑い合い、話が気持ちよく盛りあがるシーンを心に描くようにしていました。**質問内容の確認はもう少し前に済ませておいて、**本番直前は質問をいったんすべて忘れ、楽しく話し合っている場面をイメージする**のです。

軽く目を閉じ、スナップショットのようなシーンとして思い浮かべる感じです。これはスポーツ選手が理想のプレーを繰り返しイメージし、頭の中に焼き付けるトレーニングと同じかもしれません。

これをやるのとやらないのでは自分自身の安心感が全然、違いました。特に相手が外国の大統領や首相など大物ゲストの時は必ずやりました。

おそらく、自分の脳に暗示をかけているのだと思います。「この人とは初対面じゃない」「この前、一緒に笑ったから大丈夫」

楽しく話し合っている場面をイメージ

というふうに自分の脳が安心し、落ち着いて話ができるのです。

また、本番前の**姿勢や態度も脳をリラックスさせる上で重要**です。あまりにも緊張して背筋が伸びあがり、手もぎゅっと握りしめていたらどうでしょうか。いやが上にも「自分は緊張している！」と感じます。

そういう時は、ちょっと背もたれに寄りかかってみたり、手をだらりと脱力させてみたり、お茶を一口飲んでみたり、あるいは口角を持ち上げて笑顔をつくってみるだけでも、脳がリラックスするのがわかると思います。

自分が緊張していると感じたら、ぜひやってみて下さい。

傾聴のスキル3

○ 本番直前に目をつむり相手と笑い合っているシーンを思い浮かべる

× 緊張したまま何もしないで本番を待っている

本番 【傾聴のスキル4】

最初の挨拶は、オーバーなくらいでちょうどいい

相手とのファースト・コンタクトには全神経を集中します。基本は、相手にお会いできてうれしいという気持ちを全力で伝えることです。

私の場合、ゲストが局に到着しスタジオに入って来られたら、スタッフと一緒に心のこもった拍手で迎え、**「ずっとお会いしたかったです！」という雰囲気を全開**にしていました。

裏方のスタッフであってもゲストと目が合ったら「こんにちは」「Nice to meet you」と挨拶するよう事前の打ち合わせで徹底しました。

ビジネスにおいても同じです。相手の目をきちんと見て、笑顔で挨拶しましょう。しっかり手を

傾聴のスキル4

○ 最初に会えてうれしいという気持ちを相手に全力で伝える

× 最初に妙にかしこまった態度をとってしまう

握ったり、大きくお辞儀をしたりして、「あなたに会えてうれしい」「これから話をできることがすごく楽しみだ」という気持ちをしっかり伝えましょう。

「あまり仰々しくすると嫌がられるのでは」とか「派手にするのは自分のキャラじゃないし」などと考える人もいるでしょうが、感謝や期待といったポジティブな感情をきちんと相手に伝えることは、コミュニケーションにおいてプラスの効果こそあれ決してマイナスにはなりません。

少々オーバーなくらいにやってちょうどいいと思います。

本番【傾聴のスキル5】

冒頭のひと言で、相手の気持ちを柔らげたり、高めたりする

挨拶に続く、冒頭の言葉はとても重要です。初対面だと相手も緊張しているでしょうし、何度も会ったことのある相手なら「またか」という気持ちがあるかもしれません。そこで、相手のために用意したひと言で、相手の気持ちを柔らげたり高めたりするのです。

私が使っている例をいくつか挙げますので、参考にしてみて下さい。

「態度が大きいのでTVでは大きく見えるそうですが、実物は小さい谷本です！」
「TVで厳しいことを申し上げてばかりいたら、政治家の方から『オンナ田原総一朗だね』と言われた谷本です」
↓　名前や顔を覚えてもらうため、自分の特徴をひと言、名前の前につける
　自慢っぽいことではなく、体型や名前などにひっかけたフレーズもあり
「今日はぜひお聞きしたいことがいっぱいあるんです！」
↓　会えてうれしいという気持ちとともに、会話への期待感を伝える
「●●さんにお聞きしていたより、ずっと○○ですね！」
↓　共通の知人を知らせるとともに、好印

傾聴のスキル5

○　冒頭のひと言で相手の気持ちを柔らげたり高めたりする

×　冒頭をありきたりな言葉で済ませてしまう

象を抱いた点を挙げて親しみを伝える

「この前のお話、さっそく試してみたら～でした！」

↓ 以前の発言を覚えているだけでなく、実行してみたことをアピールする

「あれ、髪型変えられましたか？」「少し痩せられたんじゃないですか？」

↓ 久しぶりに会う相手でもちゃんと気にかけていることを伝える

「いや、参っちゃいました。聞いて下さいよ！」

↓ 「こんにちは」などの挨拶抜きですぐ語りかけ、こちらのペースに巻き込む

本番【傾聴のスキル6】初対面の相手は、名前を10秒で覚え、繰り返す

そもそも相手への興味がまったくない状態では、「傾聴」する気がおきません。**「傾聴」の前提として、相手に興味を持ちましょう。**

どの程度の興味が必要かは、相手がどんな人か、自分の目標は何かなどによって異なってきます。

例えば、社内のルーティンな打ち合わせであれば、いちいち深い興味を抱く必要はないかもしれません。しかし、何か大きなプロジェクトであれば、社内の人間であってもメンバーそれぞれの考え方や価値観の違いが衝突の原因になりかねず、相手に興味を持ったほうが絶対、うまくいきます。

そもそも、**自分に興味を持っている相手を嫌いになるという人はあまりいません。**相手への興味は、相手に伝わるものです。

初対面であったり、あまりよく知らない相手に興味を持つ一番簡単なやり方は、相手の名前を10秒で覚えて繰り返すことです。

世界的な投資家として知られるジム・ロジャーズさんは、番組前の打ち合わせですぐインタビュアーの名前を覚えていらっしゃいました。

そして、インタビュー中、こちらの質問に答えるだけでなく、「有香、君はどう思うんだい？」「有香、日本で買うべき銘柄があったらすぐ電話して教えておくれよ」などと、自分から会話を楽しむようにポンポンと質問してくれました。

有名人でありながら相手をベルトコンベアーで流れてくるインタビュアーやプロデューサーとして扱うのではなく、**すぐに名前を覚え、繰り返し名前を呼ぶことで相手への興味**

を自然に示すことがお上手でした。

名前を覚えるほかにも、相手の職業について、**「どうやってこの仕事に就いたのだろう？」「そのために何を勉強したんだろう？」「この仕事の面白いところは何だろう？　辛いところは何だろう？」と連想ゲームのように疑問をどんどん出してみる**方法があります。

自分の好きなことを切り口にするのもいいでしょう。

あなたがおしゃれ好きなら、**「どこのブランドを着ているのだろう？」「なんでこの色のネクタイを選んだのだろう？」「いい匂いだけれど何の香水かな？」**などと質問を思い浮かべるのです。

いずれにしろ、どんな小さなことでも相手に興味を持つことが大変重要です。自分で思っている以上に、相手への興味は相手に響くものです。

傾聴のスキル6

○ 初対面の相手は名前を10秒で覚えて繰り返す

× 名前を聞いてもそのままにしてしまう

相手に興味を持つためのスキル

初対面の人なら……
→「○○さん、○○さん」
※名前を10秒で覚え繰り返す

相手の職業に注目するなら……
→「どうやって就いたんだろう？」
「何を勉強したんだろう？」
「面白いところはどこだろう？」

自分の好きなことを切り口にするなら……
→「どこのブランドを着ているんだろう？」
「なんでこの色のネクタイを選んだのだろう？」

本番【傾聴のスキル7】その日の相手との共通点を探す

本番において相手に興味を持つには、自分との共通点を探すのも有効です。

私は**相手と会ったらすぐ、自分と似ているところを探してみます**。年齢や性別はもちろん、髪型、洋服の色、アクセサリー、持ち物、話す癖、なんでもいいです。初対面の人はもちろん、何度か会っている人でも、その日の共通点を探します。

相手との共通点が見つかるとなんだか親近感がわき、相手の話がすいすい頭に入ってくる感じがします。疑問や感想もどんどん浮かんできます。

結果的にコミュニケーションのレベルが一段あがり、相手とのやり取りもどんどん盛り上がっていくことが多いようです。

傾聴のスキル7

○ **その日の相手と自分の共通点を探してみる**

× **目の前の相手をなんとなく見ているだけ**

本番 【傾聴のスキル8】苦手な気持ちをコントロールする

話をする相手が好印象を持っている人や好き嫌いどちらでもない人ならいいですが、なんだかウマが合わないとか苦手なタイプという場合もあるでしょう。いくら大事な相手だとわかっていても、そういう相手とはなぜかコミュニケーションがぎこちなくなり、うまくいかないものです。

そんな時は、**苦手意識をコントロールするスキルを使ってみましょう。**

自分なりにその人の長所や魅力だと思える点を探してみるのです。どうも苦手な部下でも「髪はサラサラできれい」とか、いつも怒られてばかりいる上司でも「この分野の知識はすごい」と考えてみるのです。

傾聴のスキル8

○ **苦手な相手でも長所や魅力を探してみる**

× **苦手意識をそのままにしている**

苦手な気持ちは
こうやって
コントロールする

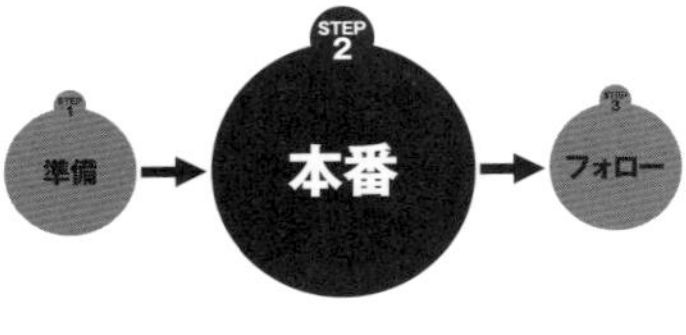

相手の長所や魅力と思える点を探す ➡

「髪がサラサラ」

「この分野の知識はすごい！」

服装や持ち物に注目する ➡

「今日のドレスシャツは素敵」

「ボールペンじゃなく万年筆を使ってるんだ」

自己暗示をかける ➡

「なんだか楽しいな」

「面白いな」

「ニコッ！」

そうした長所や魅力がすぐ見つからない時は服装や持ち物に注目し、「今日のネクタイは素敵だな」とか「スーツがぴったり似合っている」といったことでもいいでしょう。

さらにいえば、相手と話をしながら「なんだか楽しいな、勉強になるな、面白いな」と思ってみます。笑顔をつくってみるだけでも脳はなんとなく「うん、いま、いい感じだな」と前向きになります。

相手への苦手意識をコントロールできれば、それが相手にも伝わりコミュニケーションにプラスに作用するのです。

本番 【傾聴のスキル9】熱意や覚悟を心の中に持つことで、自信を示す

自分を無理によく見せる必要はありませんが、卑下したり自信なさそうな態度をとるのはいただけません。

欧米では魅力的な人やトップリーダーの資質について語る時、必ずといっていいほど「自信がみなぎっている」という点が挙げられます。コミュニケーションにおいても、「自信」は非常に重視されるのです。

日本でもこれは同じだと思います。自信がなさそうな人を相手は信用するでしょうか。大事なことを任せるでしょうか。普通はありえません。

ただ、多くの日本人は自信ある態度が下手というか、意識的にやったことがなく慣れていません。そのため時として、自信を示すつもりが自慢話や横柄な態度になったり、「知ってます」「大丈夫です」などというフレーズを連発することになったりします。

自信はとってつけたような話し方や態度で示すものではないと思います。そうではなく、**「努力は厭いません」という熱意、「あなたのために絶対頑張ります」という覚悟、「真剣に取り組みます」という決心を心の中に持てばいいのです。**

そうした気持ちがあなたを頼もしく見せ、内に自信を秘めた人間として相手の目に映るはずです。

傾聴のスキル9

○ **心の中に熱意や覚悟、決心を持つことで自信を示す**

× **自信を示すつもりでつい自慢話をしたり横柄な態度をとってしまう**

本番【傾聴のスキル10】

相手と「素」で向き合う

私は以前、上司や年配の方と話をする時、「偉い人なんだろうな」「私でいいんだろうか」などと考え、萎縮する癖がありました。

この癖を直すためやってみたのは、**「家では優しいお父さんなんだろうな」「奥さんには頭が上がらなかったりして」などと想像してみる**ことでした。相手も自分と同じ一人の人間だと思うと、身近に感じられ、不思議と気後れしないのです。

「傾聴」の心構えで一番大切なのは、お互い人間対人間として「素」で向き合うことだと思います。

敬意はしっかり持ちつつ、素直な気持ちで心を開けば、相手も自然体で接してくれるはずです。

傾聴のスキル10

○　相手も自分と同じ一人の人間だと思ってみる

×　上司や年配というだけで萎縮してしまう

本番

【傾聴のスキル11】相手のツボに反応する

相手の話に的確に反応するには、日頃の知識や情報、経験のインプットがあったほうがいいでしょうが、でも全然そういうものがなくても大丈夫。なぜなら、**相手の話をよく聞いていればポイント（ツボ）がわかる**からです。

相手の声がちょっと大きくなるところ、相手の姿勢がなんだか前のめりになるところ、表情が生き生きしてくるところ。それが話のツボです。

理解できない言語でしゃべっている人の話でも、なんとなくアクセントやトーンで、「あっ、ここが一番大事なところなんだろうな」というのがわかることがないでしょうか。その時、こちらも身を乗り出して「へえー」といった感じで聞くと、

傾聴のスキル11

○ 相手にとって大事な話のツボにきちんと反応する

✕ 相手のツボをスルーしてしまったり逆になんでもかんでも相槌を打つ

向こうも「わかってるね」となります。

逆に、そういうところを無表情・無反応なままでスルーしてしまうと、相手は「大丈夫かな」と不安になってしまいます。

ただし、**あまりなんでもかんでも「うんうん」と声に出して相槌を打つ人は、話を本気で聞いている感じがしなくて逆効果**です。

はじめは静かに耳を傾けていたけど、話が盛り上がってくると大きく頷いたり、鋭い突っ込みを入れたり、反応のメリハリをつけることが重要なのです。それによって相手は、「この人と話をして楽しかった」と感じるのです。

本番【傾聴のスキル12】アイコンタクトは控えめがいい

相手と1対1の差し向かいで話をする時は、視線をどうしたらいいか気になるものです。

日本人はどちらかというと、ずっと目を合わせて話をするのを苦手とする人が多いので、**アイコンタクトはやや控えめに**したほうがいいでしょう。私はインタビューの際など、相手の**口元や額に視線を合わせ、時には手元のメモに視線を落としたりします。**

ただし、笑いながら目を合わせるとさほど不快に思わないものですし、「そうなんですか」と相槌を打つ時、目をそらすと逆に不自然な感じになります。相手が気持よく話せるかどうかが基準で、相手の反応を見ながら調整します。

一方、相手の姿勢や態度には常に注意を払っておきましょう。自分から話したいという時は、なんだかもぞもぞしたりこちらの目を見たりするものです。その時はすかさず、アイコンタクトで「どうぞ」と伝えます。

傾聴のスキル12

○ アイコンタクトは控えめにする

○ 笑いながら目を合わせると、さほど不快に思わない

× 相槌を打つ時に目をそらすと逆に不自然な感じ

本番

【傾聴のスキル13】大勢の中でもしっかり反応する

頷きや相槌は、1対1の時だけでなく、会議やプレゼンテーションなど大勢の参加者がいる時も大事です。

面白いところでは声を出して笑ったり、楽しい内容なら笑顔になったり、失敗談には渋い顔をしたり、話が佳境に入ってきたら身を乗り出したりするのです。

何十人、何百人の中であっても、そういうリアクションに話し手は必ず気づきます。

私も時どき大勢の方の前で講演させていただくことがありますが、いつも思うのは日本人って感情を表に出すのが苦手だなということです。

皆さん聞いている最中はほとんど無表情で、笑

傾聴のスキル13

○　大勢の中でも相手の話に相槌を打ったり笑ったりする

×　まわりに遠慮して無表情のままでいる

ってもらいたいところで一人も笑っていただけず、「本当につまらない話で申し訳なかったな……」と反省しきりで終えると、「すごく面白かったです！」「あのエピソードはおかしかったですね！」などと声を掛けられることがあります。

これが欧米人だと反応がダイレクトで、わかりやすいのです。話し手にとっては気持ちよく、より突っ込んだ話をしたり、質疑応答も丁寧になったりします。

自分が本当に楽しい、面白いと思ったら、相手と1対1でも、大勢の中でも、しっかり反応しましょう。それが「傾聴」の力を磨くと思います。

本番【傾聴のスキル14】相手の共感を引き出すフレーズやアクションを使う

「傾聴」の目的は相手の共感を引き出すことであり、あらかじめ簡単なフレーズやアクションを考え、用意するのもいいでしょう。やってみて効果があったものをストックしていけば、自分だけのオリジナルなパターン集ができるでしょう。私がよく使うものをいくつかご紹介します。

〈心理的距離を縮めるために〉

「●●さん、××についてはどう思われますか？」

↓　発言の前後に必ず相手の目を見て名前を呼ぶ

「なるほど、おっしゃる意味、よくわかります！」

↓　膝を打ちながら

「そう、そこなんです！」

↓　顔を上げ、相手の目を見つめて

「……ですよね、ウフフ」

↓　きついことを言った後、笑顔で

「そういえば、お子さん何歳になられました？」

↓　話が一段落した時、ペンなどをおいて口調も変えて

「うーーーーーん」

↓　眉間にしわを寄せたり、こめかみを人さし指で押さえたりしながら

〈謙遜を伝えるために〉

「本当に今日は緊張しています」

↓　改まった口調でわざと口にすることで緊張をほぐす

「まさかこんな光栄な機会をいただけるとは思いませんでした！」

↓　姿勢を正し照れずに堂々と感動を伝える

「そこのところ、門外漢なものでぜひ教えて頂きたいのですが……」

↓　身を乗り出すようにして。素人ポジションは傾聴の基本

「そういうことだったんですか。いまのご説明でやっと疑問が解けました」

↓　深く頷きながら。先生と生徒の関係も傾聴の鉄板

〈愛嬌を見せるために〉

「うわー、私、間違ってました！」

↓　オーバーリアクション気味に頭を抱えながら

「うんうん」

↓　メモをとったりしながら、自分だけに聞こえるように

「あっ、これオシャレですね！　どこで見つけられたんですか？」

↓　相手の持ち物などを見てひと言

〈共感を示すために〉

「本当に素晴らしいですね！」

↓　小さく拍手しながら

「そんなご苦労があったとは、まったく知りませんでした！」

↓　深く頷きながら

「まさに、おっしゃるとおりだと思います」

↓　深く頷きながら

「そういえば、ブログでも〜とおっしゃっていましたね」

↓　発言内容を事前に理解していることを伝える

「以前、証券会社に勤めていた時、同じような経験をしました」

↓　相手の話に対する理解を示しつつ自分のキャリアも伝える

「楽器好きにとっては、とてもしっくりくる表現ですね！」

↓　自分の趣味をさりげなく

〈身振りでの表現〉

思わず手を打ちながら大笑い

↓ 素直に面白く、大いに感動したことを伝える

目線を上げて大きく頷く

↓ 深い理解を示す

玄関やエレベーターで、姿が完全に見えなくなるまで敬礼

↓ 謝意を丁寧に伝える

車を見送る際、車が見えなくなるまでその場を動かない

↓ 謝意を丁寧に伝える

皆が笑っている時は笑わない／笑っていない時に笑う

↓ 他の人とは違うスタンス、違う視点で聞いていることを示す

本番

【傾聴のスキル15】終わりの演出にこだわる

相手を気持ちよくさせる「傾聴」の姿勢は、本番の最後まで持ち続けます。特に、終わりの演出にはこだわりましょう。

テレビのインタビュー番組で私はよく、「今日のゲストは○○さんでした」と簡単に終わるのではなく、

「今日は日本の金融市場にいつも鋭い分析を加えていらっしゃる○○さんに、大変貴重なお話を伺いました」

と相手がキラリと光る締めのひと言を添えながら、もう一度紹介する手振りをしたり、握手したり、拍手を送ったりしていました。そこで番組の評価が変わり、ゲストにとっても「いい番組に出たね」とまわりから言われるかどうかが決まるからです。

大物ゲストのインタビューや特別番組の際は、終わった後にスタッフ一同でスタンディングオベーションをしたり、皆で駆け寄って「素晴らしかったです！」と声を掛けたりすることもありました。それによって収録がいかに貴重であったか、価値のあるものであったか、相手にはっきり伝わるのです。

こうしたやり方は、普段のビジネスでも使えます。どうしても成功させたいプロジェクトなら、ミーティングの終わりに、**「会社にとっても我々にとっても、とても重要なプロジェクトです！ぜひ成功させましょう！」「ワクワクしてきますね！」といった言葉を掛け、握手したりする**のです。

こうした終わり際を盛りあげることで、相手のモチベーションが大きく変わることを私は何度も経験しました。番組の打ち合わせ会議の後、スタッフが締め切りを待たずしてレポートをまとめてくれたり、関係者への根回しを前もって進めてくれたり、見た目にもやる気に満ちあふれるようになったりしたのです。

ほかにも例えば、大きなミスをしでかした若手社員を厳しく叱責した上司が最後に、「お前のこ

傾聴のスキル15

○ 相手がキラリと光ったり、皆が盛りあがる終わりの演出にこだわる

× ありきたりの終わり方で済ませてしまう

とを期待しているからこう言うんだからな」と付け加えて肩をポンと叩いたらどうでしょう。きっと心機一転、仕事にこれまで以上、真剣に取り組もうという気になるはずです。

コミュニケーションは中身がもちろん大事ですが、終わり方によって全体の印象や記憶までも塗り替えることができます。

まさに「終わりよければすべてよし」です。

本番　【傾聴のスキル】のまとめ

1. 相手が最高の気分で話せる雰囲気で迎える
2. 相手先へ出向く時も、敬意のひと手間を惜しまない
3. 本番直前に、相手と笑い合っているシーンを思い浮かべる
4. 最初の挨拶は、オーバーなくらいでちょうどいい
5. 冒頭のひと言で、相手の気持ちを柔らげたり、高めたりする
6. 初対面の相手は、名前を10秒で覚え、繰り返す
7. その日の相手との共通点を探してみる

8. 苦手な気持ちをコントロールする

9. 熱意や覚悟を心の中に持つことで、自信を示す

10. 相手と「素」で向き合う

11. 相手のツボに反応する

12. アイコンタクトは控えめがいい

13. 大勢の中でもしっかり反応する

14. 相手の共感を引き出すフレーズやアクションを使う

15. 終わりの演出にこだわる

当たり前だと思うかもしれないけど、すごく効果があるんだよ

◎「問答」では質問のタイミングや表現を工夫する

次に、「問答」についてのスキルです。

「問答」としての「聞く」は、相手の話の合間、合間に適切な質問や感想を投げかけ、相手の信頼を得ることが目的です。

「問答」では相手にどのように質問するか、タイミングや表現が重要になります。事前に相手について調べたり、筋肉質な質問をつくってみたりするのもそのためです。

ただ、準備したものをすべて本番で使うかというとそうではありません。むしろ、**「半分くらい使えれば十分」**くらいに考えておくのがいいでしょう。そうしないと、「せっかく調べたのだから」とあれもこれも使いたくなり、質問が散漫になってしまいます。その場で、**相手の話を聞きながら心に浮かんだ素直な疑問をぶつけたほうが相手に響く**ことも多いものです。

また、「問答」は相手への質問が中心ですが、それと同時に自分の考えや意見をさりげなく伝えたり、会話の流れをコントロールしたりすることも欠かせません。

そういう**スキルによって自分の目標に到達することができる**のです。

本番【問答のスキル1】

質問っぽい質問をしない

そもそも相手へ質問するといっても、聞く前から答えがわかっているようなものや、誰でもすぐ思いつくような紋切り型ではインパクトがありません。「いちいち、そんなこと聞くなよ」と思われるのがおちでしょう。

また、いろいろ聞きたいことがあるとしても、警察の取り調べのようになっては台無しです。「これはどうですか?」「あれはどうですか?」「それはどう思いますか?」と質問を繰り返す人がいますが、それでは逆効果。相手は詰問されているようで、コミュニケーションへの気持ちが萎えてしまいます。

「アクティブ リスニング」における**「質問」**で

問答のスキル1

〇 会話を楽しみながら聞きたいことを途中にサラッとはさむ

✕ 答えがわかっていたり、誰でも思いつくような質問をしてしまう

大事なのは、質問っぽくしないということです。

聞き出したいことがあるとしても、

「そんなすごいことができるんですね。ポイントはどのあたりにあるのでしょうか？」

「私はてっきり××と思っていましたが、実際のところはどうだったのですか？」

というように、会話を楽しみつつ、聞きたいことを途中にサラッとはさむような聞き方のほうがスムーズにいくはずです。

本番【問答のスキル２】慣れないうちは、「それで？」の繰り返しでOK

質問の仕方には大きく分けて、**話の流れに乗っていくパターンと、それまでの流れをガラッと変えるパターン**があります。

基本は相手の話に乗っていくパターンです。質問のタイミングが見つからない時や、準備してきた質問が使えそうにない時も同じです。

私は英語でのインタビューの際、なかなか質問が浮かばない時には「And？」というフレーズを繰り返します。

日本語でも同じで、**「それで、どうなさいました？」「それから、どうなりました？」などと繰り返し、話の続きを促します。**

「And（それで）？」の代わりに、相手の話を反復して簡単な質問を付け加えるやり方もあります。

例えば、相手がハワイに行ってきた話をしたら、「ハワイですか、いいですね」と反復し、そこにひと言、「ホテルはどこに泊まったんですか？」「のんびりされました？」などと付け加えます。

ただ、この質問法はコミュニケーションの導入部分で使うものであり、**話が盛りあがってきたら頷きや相槌だけで十分です。**相手の話をよく理解していることを伝えたり、自己アピールをするには向かないので注意しましょう。

問答のスキル2

○ うまく質問できない時は「それで？」と話の続きを促す

× 無理に質問しようとして話の流れを悪くしてしまう

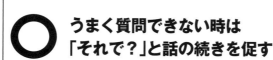

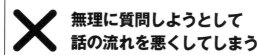

本番　【問答のスキル3】
話の流れをさりげなくコントロールする「切り返し質問法」

話が盛り上がってきた時、相手には自分の思いどおり話をしていると感じてもらいつつ、こちらが話の流れをコントロールするために使うのが**「切り返し質問法」**です。

「それで？」を繰り返したりせず、また相手の話をいちいち反復するのを省き、自分が知っている新しい情報や自分ならではのアイデアなどを盛り込んで切り返して質問します。

分かりにくいかもしれないので、少し例を挙げてみましょう。

問答のスキル3

○　時には相手の話を切り返す形で質問する

×　いつも相手の話を繰り返すだけで終わる

相手**「先週、ハワイに行ってきたんです」**

自分**「この時期だと雨が多くなかったですか？　お天気は大丈夫でしたか？」**

↓「この時期」ということでハワイにかつて行ったことがあるか、季節ごとの天候を把握しているということを相手に知らせることができる

相手**「この前、ハワイに行ってきたんです」**

自分**「世界一おいしいって言われるパンケーキの店は、行きました？」**

↓ハワイでいま人気のスポットを知っていることを相手に伝える。また、パンケーキという話題のテーマについても話を持っていける

相手**「○○の担当は、××君に任せようと思っているんだ」**

自分**「なるほど。××君はああ見えて俯瞰的に物事を把握するのに長けていますから、適任だというわけですね？」**

↓「なるほど」と受けてから、話題になっているテーマや人物についての知識を披露する。ここでは、なぜ彼が選ばれたのかわかっていることを相手に知らせる

相手**「これから～という理由で、円安に進むと見ています」**
自分**「逆に、円高になる要素は何もないのでしょうか？　いつ頃から、そう確信されるようになったのでしょうか？」**
↓「逆に」とすぐ返す。限られた時間でインタビューするような場合、余計な反復をして時間をつぶさないとともに、相手の発言を理解していることを示せる

要は、ひとつの質問で、自分も相手と同じ土俵に立っていることを知らせるとともに、話を一歩先へ進めるのです。

相手としては、「わかってるな」「やるな」と感じて、話をさらに深掘りしたりレベルを上げてくるはずです。

こういう質問をするには相手の話を聞きながら、常に自分の引き出しの中に関連する情報はないか、相手をリードするにはどういう聞き方をしたらいいか、集中している必要があります。

本番【問答のスキル4】

話のペースを変えたり、他のテーマに移る「場面転換法」

「場面転換法」は相手の話をいったん切ってペースを落としたり、視点を変えたり、あるいは他のテーマに移るやり方です。

具体的には、相手が自分だけでどんどん進んでいってしまう時や、話の展開がこちらの目指す目標から外れていきそうな時、あるいは相手があまり楽しそうではない時に使います。

「話は変わるのですが……」とか**「もうひとつ、お聞きしておきたいことがあります」**といったフレーズが典型ですが、その他、次のような言い回しも使えるでしょう。

「すみません。私の理解が追いつかないので、一

問答のスキル4

○ タイミングを見計らい思い切って、場面を転換するフレーズや質問を入れる

× ズルズル相手の話に付き合ってしまう

「場面転換法」はこんなふうに使う

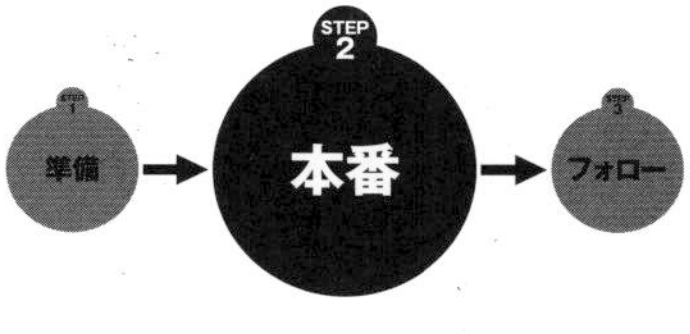

相手が自分のペースでどんどん進んでいく時

→「話は少し戻るのですが、先ほどおっしゃっていた××に関連して……」

話の展開がこちらの目指す目標から外れていきそうな時

→「すみません。私の理解が追いつかないので、一度整理させて下さい」

相手があまり楽しそうでない時

→「話は変わるのですが……」「そういえば、以前おっしゃっていた○○は、どうなりました？」

度、整理させて下さい」

「お話を伺っていて、ひとつ思い出したことがあります。実は……」

「話は少し戻るのですが、先ほどおっしゃっていた××に関連して……」

「いまのお話に関連して、●●さんは××についてお聞きになったことはありますか？」

場面転換法は、相手の話の腰を折る形になりやすいですが、やる時はタイミングを見計らい思い切って使います。ややレベルの高いスキルになりますが、コミュニケーションをリードするにはとても有効です。

本番 【問答のスキル5】相手のちょっとした変化を見逃さずに質問する

【準備のスキル11】において相手の思考パターンを想像してみるという話をしましたが、**「本番」でも相手が自分にどんな印象を抱いているのか、こちらの質問についてどう考えているのか、相手の表情や言葉をもとに推測してみましょう。**

例えば眉毛がピクッと動いたり、手や口元がもぞもぞしたり、姿勢が前のめりになるのは会話に対して興味を示し、自分もしゃべりたい、あるいはもっと聞いてほしいというポジティブな心理になっている証拠です。

逆に椅子に深く座りなおしたり、視線をわざと外したり、足を組んだりするようだとあまり話したくない、触れてほしくない、聞いてほしくないというネガティブな心理になっている可能性が高いでしょう。

語尾の微妙な変化にも注目してみて下さい。語尾を「〜する」というふうに言い切っていた人が、**「〜したいと思う」と主観的な表現に変わる場合、ちょっと自信がないか何か問題点が思い浮かんでいる可能性があります。**

高い声で話していた人が急に低い声で話したり、テンポよく話していたのに急にトツトツと話しだしたりした時も要注意。話している本人にとって慎重にものを言わなければならない内容と見ていいでしょう。

問答のスキル5

○　相手のちょっとした変化を見逃さず質問する

×　用意した質問だけを順に聞いていく

テレビ番組で私はそういう時**「何か気になる点はありますか？」**とすかさず突っ込んでコメントを引き出していました。

本番【問答のスキル6】難しい質問をする時は、リフレーズしたり、二者択一で聞く

相手が知っているかどうかわからないテーマや、ちょっと難しい質問をする時にはひと工夫いります。

私がよくやるのは、**リフレーズ（言い直し）すること**です。例えば、こんなふうにです。

×な例「ノームコアが流行っていますから、当社もシンプルなデザインの商品を出してはいかがでしょう？」

○な例「スティーブ・ジョブズやマーク・ザッカーバーグなどシンプルなファッションアイテムを合わせた着こなしが最近『ノームコア』といってトレンドになっているようです。当社もこのトレンドに合わせてシンプルな

デザインの商品を出してはどうでしょう？」

あらかじめ答えを2つ用意して、どちらか選んでもらうという聞き方も上級レベルです。

「AとBの方法があるとして、どちらがより適切でしょうか？」

「この場合はCのケースとDのケースが考えられると思うんですが、どちらの可能性が高そうですか？」

といった感じです。

あまり繰り返すと耳障りですが、単刀直入に聞くのが不躾な時や、相手の反応が読めないような場面では便利です。

問答のスキル6

○ **難しい質問はリフレーズ（言い直し）や二者択一にして聞く**

× **つい自分の知識や理解を前提にした聞き方をする**

本番【問答のスキル7】

相手が答えにくそうな質問は、角度を変える

似たようなシチュエーションとして、相手が聞かれたくない、答えたくない質問をしなければならないケースがあります。

そういう時は、**角度を変える**ことです。**角度を変えるというのは、「直球を投げない」ということです。**

例えば、不祥事を起こした企業の経営者にテレビ番組で、「なぜ、こういうことが起こってしまったのですか？」と質問したいとします。すでに多くのマスコミからそういう質問を受けているでしょうから、私なら「ほとんどのマスコミが今回の事件を起こるべくして起きたといったトーンで伝えていますが、それについてどうお感じですか？」と言い換えてみます。

態度を変えることも有効です。例えば、「どうしてこんな失敗をしたんだ！」と怒って聞いてもおかしくない場面で、「君らしくないね、疲れてるのか？」と心配そうに聞くのです。これも直球を避けた聞き方です。

以前、気難しいことで有名な若手経営者の囲み取材に、私もテレビ番組のキャスターと

して加わったことがあります。新聞や雑誌の記者がたくさん集まっていて、ある件について確認したいけど、ちょっとデリケートな部分もあり聞いて大丈夫だろうかという雰囲気になっていました。

私はそこで、違う角度から質問できないか考え、後ろのほうから「すいませーん」と手を挙げ、ニコニコしながら、素人っぽい言葉で聞いてみました。

若手経営者は怒った表情になりましたが、いつも理詰めで聞いてくる記者さんたちとは違う女性キャスターのとぼけた質問ぶりが意外だったのか、あっさり認めていろいろ話して下さいました。

ちなみに、その発言はマスコミ各社の記事やニュースでも報じられ、ちょっとした話題になりました。

問答のスキル7

○　相手が答えにくそうな質問に角度を変えて聞く

×　いつでも、誰にでも同じような聞き方をしてしまう

本番

【問答のスキル８】

話が盛りあがらない時は、子ども時代の話を聞く

話が盛りあがりに欠けたり、行き詰まったような時、即効薬になるのが子ども時代の話です。

以前、脳科学者の茂木健一郎さんとお話をしていて意見が一致したのは、**「誰でも子どもの時の話をすると絶対盛りあがる」「お互いの共通点を見つけるためには、小学校の頃の話をするのが一番近道」**ということでした。誰にでも似たような経験があり、似たような感覚を持てるからです。

イギリスの元首相であるトニー・ブレアさんにインタビューした時、番組のプロデューサーのお子さんがちょうど小学生だったので、「小学校の頃から政治家になりたかったのですか？　ちなみに、うちのプロデューサーの長男はいま10歳なんですが、ブレアさんみたいな政治家に育てるにはどうしたらいいですか？」と質問してみました。

すると、「私の小学生時代はこうだったんだよ」といろいろ教えて下さり、とても印象的なインタビューになりました。

「子どもの頃からいまの職業に就きたいと思っていたんですか？」というのは、テレビや

雑誌のインタビューでは定番の質問です。他の話題だとインタビュアーを警戒してくることが多い方でも、子ども時代の話というのはだいたい喜んで話してくれます。そこから話の糸口を見つけ、他のテーマについて展開していくやり方を私自身よく使っていました。

ビジネスでも、飲み会の帰りや移動中など普段とは少し勝手が違う場面で、話題が途切れたような時にこの手は使えると思います。

ただし、この手はある程度話が進んだ後や知り合い同士であることが前提となります。初対面の人にいきなり聞くような質問でないことはお忘れなく。

問答のスキル8

○ 話が盛りあがらない時は子ども時代の話を聞く

× 初対面の人にいきなり子ども時代の話を聞く

本番【問答のスキル9】

自分の考えや気持ちを疑問形で伝える

「アクティブ リスニング」では、自分の意見をそのまま相手に伝えることはありません。コミュニケーションの主役はあくまで相手であり、会話を楽しんでもらうためです。ただ、相手の話を傾聴しているばかりでも、相手は楽しくありません。会話では言葉のキャッチボールが必要です。相手8に対して自分が2の割合で発言するくらいがちょうどよいでしょう。

その「2」も、自分の考えや気持ちなどを直接、述べるのではなく、疑問形を使うのがコツです。**語尾が「?」で終わる形にして、相手に会話の主導権を渡す**のです。

先ほど説明した「切り返し法」も、相手とは反対の意見をそれとなく伝えるために使えます。面と向かって「あなたと意見が違います」なんて言う必要はなく、反論を疑問形にすればいいのです。

疑問形はいろいろな場面で使える、とても便利なスキルです。

挨拶の場合、「いらっしゃいませ」「ようこそおいで下さいました」と言うだけでなく、**「寒くありませんでしたか?」「駅からの道順、わかりづらくありませんでしたか?」**と付け加えるだけでとても丁寧な感じになります。

「お久しぶりです」「ご無沙汰しております」というのも、**「お変わりはありませんか？」「あれから××はいかがですか？」**と付け加えると、気遣いを感じます。

その他、「お茶をお持ちいたします」は**「お茶をお持ちいたしますが、熱いものと冷たいもの、どちらがよろしいですか？」**に、「少々お待ち下さい」は**「少々お待ちいただけますか？」**というように疑問形にするとどうでしょう。

自己紹介する時も、**「○○です。ちょうど××さんのご出身地の隣の県生まれです。いらっしゃったことありますか？」「名物の○○、召し上がったことありますか？　今日お持ちしたので、ぜひ感想を聞かせて下さい」**というように使うことができます。

問答のスキル9

○　自分の考えや気持ちを疑問形にして伝え、相手に話の主導権を渡す

×　自分の考えや気持ちを不用意に断定口調で伝えてしまう

疑問形は
こんなふうに使う

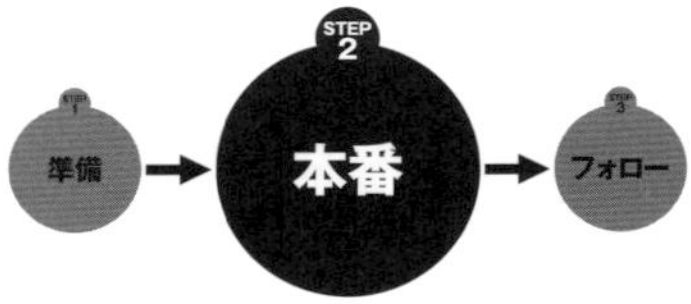

△「いらっしゃいませ」 → ○「寒くありませんでしたか？」

△「ようこそおいで下さいました」 → ○「駅からの道順、わかりづらくありませんでしたか？」

△「お久しぶりです」 → ○「あれから××はいかがですか？」

△「お茶をお持ちいたしますね」 → ○「お茶は熱いものと冷たいもの、どちらがよろしいですか？」

△「○○です。よろしくお願いします」 → ○「○○です。××さんのご出身地の隣の県生まれです。いらっしゃったことありますか？」

疑問形は何かを尋ねるためだけでなく、実は相手に判断を委ね、「自分が会話をリードしているんだ」という印象を与える効果があるのです。

「アクティブ リスニング」では必須のスキルであり、自分の意見を相手にさりげなく伝えるため、ぜひ活用して下さい。

本番

【問答のスキル10】
質問に自己アピールをさりげなく混ぜ、「デキるな！」と思わせる

コミュニケーションをさりげなくコントロールするには、会話の途中で適度に自己アピールし、「デキるな！」と思ってもらうことも不可欠です。

もちろん、過度に自慢したりする必要はありません。大事なのはふとした瞬間に「えっ、この人、結構やるじゃない」と相手を驚かせることです。

ニコニコ話を聞いているだけかと思ったら、鋭いひと言が出てきたり、意外に珍しい経験をしていたりすると印象に残り、こちらを見る目が変わります。

これはやはり、事前に準備しておく必要があります。「相手はこういう話をするだろう」と想像し、関連した情報を集め、自己アピールに使える質問の形にしておくのです。

私は学者や評論家の方のインタビューではよく、過去のちょっと矛盾した発言を調べておいて、「そういえばあの時はこんなコメントをしていらっしゃいましたけれど……」と軽く触れたりします。

経営者の方のインタビューであれば、売上高や利益などを端数まで記憶しておいて質問に盛り込んだり、相手の発言をキーワードでさらっと整理したりします。

例えば、企業経営においては従業員のモチベーションが何より大事だという発言があったとしたら、「確かにこれからは、CS（顧客満足）ではなくES（従業員満足）の時代ですね」といった感じです。

ポイントは、**相手の話に興味や関心を示しつつ、自分の発言に自分ならではの特徴や強みを盛り込むこと**です。

問答のスキル10

○ 会話の途中で適度に自己アピールする

× 過度に自慢したり、ただ、聞き役だけで終わる

本番

【問答のスキル11】グッドコップとバッドコップを使い分け、質問する

会話をコントロールするために便利なスキルのひとつが、「グッドコップとバッドコップ」、直訳すれば「いい警官、悪い警官」というやり方です。

まわりが何らかの理由でバッシング一色になっていると、相手は気後れして発言しにくいものです。逆に、まわりから持ち上げられてばかりでも、面映ゆい感じでものが言いにくくなります。

そこで、**まわりが相手に対して批判一色であれば自分はグッドコップ（味方役）を演じ、逆に皆があまりにも好意的ならバッドコップ（嫌われ役）を演じる**のです。

日経CNBCで私がキャスターからコメンテーターに変わった後、後任のキャスターにグッドコップを演じてもらい、私がバッドコップを演じるという役割分担をよくやっていました。

例えば私が、

「○○さん、国債が暴落する、暴落するって何度もおっしゃっていますが、いまのところそんな気配はありませんし、今後あるとしても〝いつ、どういう状況で〟という点を明確

にされていないのであれば、無責任ではないでしょうか？」

と言ったとします。

ここで、キャスターが間に入ります。

「○○さんのように、暴落の危険性に警鐘を鳴らしている声があるからこそ、歯止めがかかっている面もあるのではないでしょうか？」

このような味方が一人いるだけで、カチンとくるところが緩和され、きちんと質問に答えていただけることがよくありました。

このやり方は、会議や打ち合わせにも使えます。

例えば、参加者の一人が見当違いな意見にこだわり、まわりがうんざりした雰囲気になると、本人はさらに意固地になってしまうことがあります。

そんな時、自分もその意見はおかしいと思っているのですが、あえてグッドコップになり、味方がいることを伝えます。

「○○さんの意見にも一理ありますよね」「そういう意見も大事にしなければいけないですよね」「面白い意見ですよね」「斬新ですよね」など、いい面もあるんだと言葉に出して伝えるのです。

するると、本人としては孤立感から頑なになっている面があるので、助け船を出してもらえればその頑なさが和らぎ、柔軟に議論できるようになりやすいのです。

反対に、皆が「いいね、いいね」で進んでいる時は、あえてバッドコップになります。

「本当に大丈夫なの？」「裏付けはあるの？」「どうしてそんな楽観的に言えるの？」「ライバルの動きはどうなの？」など、しつこいくらい質問をします。

賛成ばかりの会話や議論には、往々にして死角があったり落とし穴がひそんでいたりするものです。そこにバッドコップがいるとバランスがとれ、より良い結論を得ることができます。

問答のスキル11

○ 世間や周囲の相手へのスタンスによって味方役と嫌われ役を使い分ける

× 世間や周囲のスタンスに安易に同調したまま質問する

「グッドコップ」「バッドコップ」の使い方

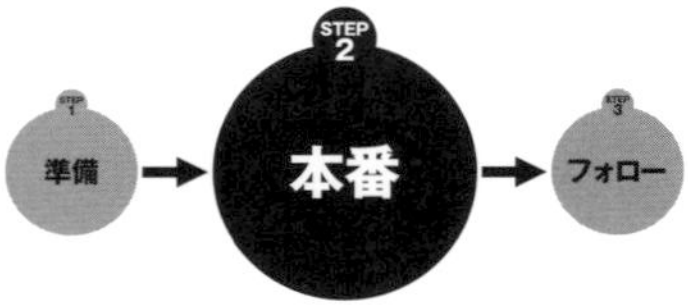

**まわりが
相手に対して、
あまりに
好意的な時**

**自分はバッドコップに
（嫌われ役）**

「そういう発言は
無責任では
ないでしょうか？」

「本当にそれで
大丈夫でしょうか？」

**まわりが
相手に対して
批判一色の時**

**自分はグッドコップに
（味方役）**

「○○さんの意見にも
一理ありますよね」

「そういう立場も
大事にしなければ
いけないですよね」

本番

【問答のスキル12】自分の得意な役柄になりきって質問する

問答を深めていくには、**自分の性格や普段の対人関係を踏まえ、得意な役柄になりきる**のもよいでしょう。

私の場合、それは**相手の「母親役」**です。年齢など関係なく、相手のお母さんになったような気持ちで話を聞いたり、質問したりするのです。年上の方であっても、**「忙しいようだけれど、ちゃんとご飯食べてるのかしら」「メタボにはあの製品がいいと聞いたけれど、薦めてあげようかしら」というような気持ちで接します。**

きっかけは以前、ある著名な女性経営者からいただいたアドバイスです。日本のビジネス社会にはまだ男性中心のところがあり、そこを上手に乗り切っていくにはどうしたらいいかお聞きしたのです。

その時の答えが、**「可愛らしい娘タイプになるか、お母さんタイプになるか、どちらかがいいですよ」**というものでした。私は可愛らしい娘タイプは苦手なので、お母さんポジションを使うようになったというわけです。

お母さんポジションだと、相手が高名な方であっても「こういうところが素晴らしいと思いました」とか、「あれはおかしいと思います」といった言葉が自然に出てきます。

根底にあるのは母親としての愛情です。それがあれば、多少厳しい発言でもさらっと受け止めてもらえるのです。

男性の方の場合は、どういう役柄、ポジションが考えられるでしょうか。

私のまわりでビジネス上の成果を出し続けている男性を見ると、**年齢を問わず、自分より年上の方に対しては「息子ポジション」を取っている方が圧倒的に多い**ように思います。

息子といっても、ただ可愛がられる存在というより、**言いたいことはズバズバ言いながら、重要な判断については必ず相談してアドバイスを乞うたり、その後の結果についてもきちんと報告したり、相手への信頼と尊敬を上手に表現する「やん**

問答のスキル12

○ 自分の得意な役柄になりきって質問する

× 自分に合うかどうか考えず、つい人のスタイルを真似て質問する

ちゃ坊主」的な存在です。

また、**年齢が近かったり年下の人たちに対しては、「兄貴ポジション」を取る方が多い**ようです。こちらは折に触れて相談に乗ったり、叱ったりしつつ、いざとなったら大きな度量で助けを差し伸べたりして、信頼を得ていらっしゃいます。

男性の場合は親しみやすさにしろ面倒見の良さにしろ、**相手へ一歩踏み込む覚悟によって強固な人間関係が生まれ、それがビジネスでもプライベートでも成功につながっている**ように思います。

本番【問答のスキル13】

質問以外の雑談や無駄話をたっぷり行い、信頼関係を深める

相手との問答を深めるためには、**時間をとって世間話や雑談を普段以上に入念に行うのも有効です。**

インタビュー番組のキャスターだった時、「これについて聞かせて下さい」とゲストに伝えてあるのに、なぜか事前の打ち合わせでは別の話をずっとされることがありました。

それはちょっと躊躇しているサインで、そういう時は**雑談にお付き合いしながら相手が**

心の整理をするのを待ちます。そのほうが、いざ本番の時に突っ込んで話を聞けることが多かったのです。

皆さんも友達に悩みを打ち明ける時、そういう感じではないでしょうか。相談に乗ってほしいのですが会ってすぐそのことについて話し始めるのではなく、なんとなく「今日、こんなことがあって」と雑談をしてしまう。そして、頃合いを見て「実は」と話し始めるのです。

無駄話は「無駄な話」ではありません。無駄な話ができるほど近しい、信頼し合えている関係になるために使うのです。

問答のスキル13

○ 相手に合わせ、時には質問とは関係ない雑談や無駄話をたっぷり行う

× 相手の気持ちを考えず、本題にすぐ入ろうとする

本番 【問答のスキル14】

場合によっては疑問や否定の反応で、自分の考えを伝える

「アクティブ リスニング」は相手に気持ちよく話してもらうのが基本とはいえ、ずーっとそれを続けるのも不自然です。そこで、時として否定的な反応を混ぜることがあります。

もちろん、使い方には細心の注意を払います。面と向かってぶっきらぼうに「いや、それは違いますよ」なんて言ったり、はなから「うーん、わかりません」という表情をすると相手は気持ちを閉ざしてしまいます。

反論したい時には、**「なるほど、そういう見方もありますね。ただ、一般的には違う理解のほうが多いと思うのですが……」**とか**「ちょっと理解**

問答のスキル14

○ **話の流れの中にさりげなく疑問や否定の反応を混ぜる**

× **相手の話をそのまま受け入れるだけで終わる**

が足りないのですが、××という考えでは間違っていますか?」と遠回しに否定のニュアンスを伝えるとよいでしょう。

話のペースを変えるため、**「勘違いだとは思うのですが、一点確認させていただけませんか?」「勉強不足で申し訳ありませんが、質問させて下さい」**などという言い回しも使えます。

こういう反応をすると相手も立ち止まります。それほど否定や疑問の気持ちを持っていなくても、相手から一歩踏み込んだコメントを引き出すためこういうやり方を使うのもありです。

謙遜の気持ちと真摯な態度がベースにあれば、相手に対して決して失礼にはならないと思います。むしろ「きちんと意見を持っているな」「対等に話せそうじゃないか」と思ってもらえるいいチャンスになるはずです。

本番【問答のスキル15】
自分の考えをスムーズに伝える定番フレーズを増やしていく

自分の考えをさりげなく伝えたり、会話をコントロールしたい時、すぐ使える定番フレーズが多くあればとても便利です。

〈もう一歩話を促すために〉

「それは、××とは違うということですね？」

↓　「違う」を強調し、相手の発言内容を確認し、核心に迫っていく

「その点に関連して、もうひとつ伺いたいのですが……」

↓　「もうひとつ」を強調し、さらに先へと話を促す

「例えばもし、もしですよ。それが～だったらどうでしょう？」

↓　「もし」を繰り返し、仮定の話として、相手の反応を探る

「これについて、本当のところはどう思われますか？」

↓　「本当のところ」でトーンを変え、相手の真意はわかっていますよというニュアンスを出す

「この問題はそもそも、どういうふうに理解したらいいんでしょうか？」

↓　「そもそも」のところで、本質を聞きたいというニュアンスを出す

「ハイ！　質問させて下さい！（挙手）」

↓　二人だけの場面であえて手を挙げて場を和ませる

「ぜひ、○○さんに聞いていただきたいことがありまして……」

↓　相手の目をまっすぐ見て、普段とは違う真剣さを伝える

「どうしてもこれだけは伺いたいのですが……」

↓　「どうしても」に力を入れ、ここ一番の質問ということを伝える

〈相手の気持ちに訴えるために〉

「本当に○○さんだけが頼りなんです」

↓　こう言われて悪い気はしないもの

「あと30秒だけ私に下さい！」

↓　時間を区切ることでこちらの真剣さを伝える

「どんな質問にもきちんと答えが返ってくるので、お話しするのがいつも楽しみです」

↓相手への尊敬を伝える

「これができるのは、○○さんしかいないじゃないですか！」

↓　最後のひと押しとして盛りあげる

「お願いします。本当に行き詰まっています。どうかお力をお貸し下さい!!」

↓　時には思い切ってプライドを捨てて懇願してみる

〈それまでの話を整理するために〉

「それはつまり……」「ということは？」

↓　核心をつく言葉を求める

「理解不足で申し訳ありません。ちょっと噛み砕いてお話しいただけないでしょうか？」

↓　難しい言葉ではぐらかそうとするような相手に対して

「具体的にいうと、どういうことでしょうか？」

↓　「具体的」という言葉は話を深めるキーワード

「ひと言でいうとどうなるんでしょうか？」

↓　「ひと言」は話にまとまりをつけるためのキーワード

「結局、結論としてはどうなりますでしょうか？」

↓　「結局」「結論」は話を終わりにもっていくキーワード

〈反論で議論を深める〉

「○○さん、おっしゃることはとてもよくわかります。ただ、私が思うに……」

↓相手の発言を否定することで緊張感を高める

「あれ？　それは普通〜ということではないですか？」

↓〜の部分であえて間違ったことや議論の余地のあることに言及し、議論を深める

「私自身としては少し違和感を覚えるのですが……」

↓「違和感」は否定的ニュアンスをオブラートに包んで伝えるのに便利

「私だったら、そこでは〜と考えますね／〜と言いますね」

↓否定を一歩進め、自分ならどう考えるか、どうするかを伝える

「ちょっと確認したいんですが……／間違っているかもしれませんが……」

↓いきなり相手を否定するのではなく、ワンクッションを置く

「個人的には理解できるのですが、組織としてはどうなのでしょうか？」

↓相手に一定の理解を示しながら、角度を変えて否定する

〈大所高所に立つために〉

「業界としてどう一般消費者と向き合っていくかという視点が求められていると

思うのですが……」
↓　消費者のため、地域のため、日本のためなど大きな視野から発言する
「〇〇さんの力をお借りして、この会社を／いまの経済を／日本の未来を、よくしたいんです！」
↓　大義名分をあえて口にすることで質問の重みをアップする

皆さんもご自分の経験からやコミュニケーション上手な人を観察したりして、「これは使える」と思ったフレーズがあったらメモしておくといいでしょう。「問答」がどんどん得意になっていくはずです。

本番 【問答のスキル】のまとめ

1. 質問っぽい質問をしない
2. 慣れないうちは、「それで？」の繰り返しでOK
3. 話の流れをさりげなくコントロールする「切り返し質問法」
4. 話のペースを変えたり、他のテーマに移る「場面転換法」
5. 相手のちょっとした変化を見逃さずに質問する
6. 難しい質問をする時は、リフレーズしたり、二者択一で聞く
7. 相手が答えにくそうな質問は、角度を変える
8. 話が盛りあがらない時は、子ども時代の話を聞く
9. 自分の考えや気持ちを疑問形で伝える
10. 質問に自己アピールをさりげなく混ぜ、「デキるな！」と思わせる
11. グッドコップとバッドコップを使い分け、質問する
12. 自分の得意な役柄になりきって質問する

13．質問以外の雑談や無駄話をたっぷり行い、信頼関係を深める

14．場合によっては疑問や否定の反応で、自分の考えを伝える

15．自分の考えをスムーズに伝える定番フレーズを増やしていく

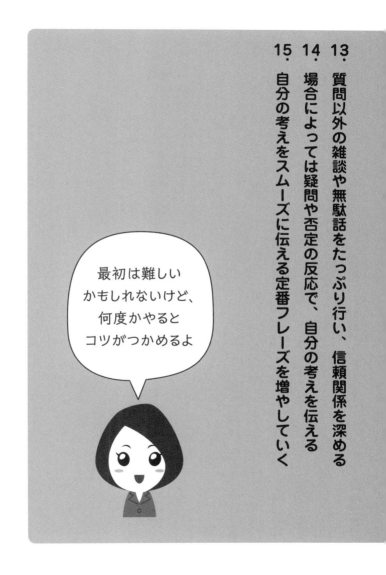

第4章

「フォロー」で関係をつなぎ、より大きな結果を出す

4つの「フォローのスキル」で、次へつなげる

「ユカさん、『アクティブリスニング』って一回一回、ゴールを目指して進んでいく感じがいいですね。いままでみたいに、漠然と聞くだけだったり、何を話していいか戸惑ったりすることが少なくなりました」

「ちゃんと具体的な目標を確認してやるからね。次につなげることを考えると、もっといろんなメリットが出てくるよ」

「へえー、どんなメリットですか？」

「相手との関係が深まったり、知り合いのネットワークがどんどん広がって、大

「フォロー」すると、どんなメリットがあるんですか？
大きな仕事が回ってくるようになるよ
ユカ
ノンちゃん

きな仕事が回ってくるようになるんだよ」

「いいな。私もそうなりたいです！」

本番後のフォローは、スピードが大事

商談や打ち合わせ、インタビューなど「本番」が終わったら、コミュニケーションは一応、そこでひと区切りです。

しかし、「アクティブ リスニング」の実践はまだ続きます。「フォロー」のステップに入るのです。

「本番」後のフォローをすぐ行わないと、せっかく「本番」で噛み合ったコミュニケーションの広がりや発展が期待できません。

ほんの小さなことでいいので、フォローをすぐ行うことが、「アクティブ リスニング」の効果をより大きなものにします。

フォロー【フォローのスキル１】
別れ際にもうひと言を加える

別れ際のひと言はとても重要です。あまり未練がましくなく、かといって淡泊すぎない感じで次の機会への期待を伝えましょう。

今日からすぐ使えるフレーズをいくつか挙げておきます。

フォローのスキル1

○ **別れ際にもうひと言を加える**

× **ありきたりの挨拶で別れる**

「近いうちにぜひまたお話、お聞かせ下さい！」
↓楽しかったことと次回への期待をきちんと伝える
「今日は本当に勉強になりました」
↓相手への敬意を伝える汎用性の高いフレーズ
「明日からまた頑張れそうです。ありがとうございました」
↓自分が励まされたことを伝えると、相手もうれしいもの
「時間が足りません！　もっとお話ししたかったです！」
↓相手への親しみを込めて、自分の満足感を伝える
「なんだか今夜は知恵熱が出そうです！」
↓白熱したやり取りの後などに適したユーモアを交えたフレーズ

フォロー　【フォローのスキル2】

相手に連絡するきっかけのため、自分に宿題を課す

エレベーターや玄関まで相手をお見送りしたり、あるいは自分が相手先から退出する短

い間にも、関係を深める機会がたくさんあります。緊張感も解けているので、一歩踏み込むチャンスです。

私はよく本番での会話を踏まえ、**「もう少しこの点について考えてみます」「これを調べてみます」**というふうに宿題を自分でつくり、相手に伝えるようにしていました。そして、しばらくしてからその宿題を提出するという形でご連絡を差し上げるのです。

テーマはなんでもいいと思います。相手との話の中で感心した点などについて簡単なレポートを作成するとか、こちらが紹介して相手が興味を示した話題について参考資料を送るのでもいいでしょう。

大事なのは、相手に何かを依頼するのではなく、**こちらが時間と労力を使う「宿題」という形をと**

フォローのスキル2

○ 相手に連絡するきっかけのため、自分に宿題を課す

× 一度会っただけでまた頼みごとの連絡をする

自分に宿題を課すのは、こんな感じで

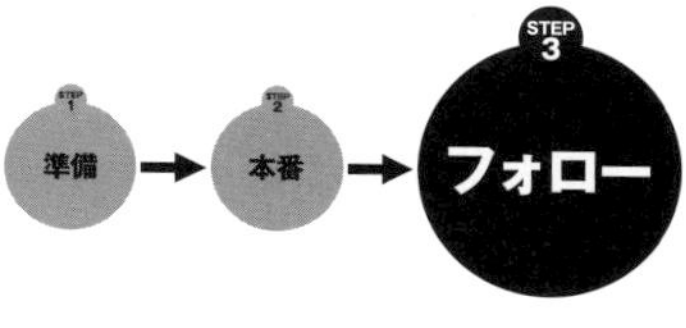

会話に出てきたテーマについて → ○「簡単なレポートをつくってみます」

相手の疑問や指摘について → ○「もう少しその点について考えてみます」

相手が興味を示した話題について → ○「参考資料をまとめてお送りしますね」

ることです。

相手としても「そこまでやってくれるのか」ということで印象に残り、自然な形で関係が続いていくはずです。

フォロー【フォローのスキル3】
自分の言葉で感想をつづった「お礼状」を、すぐ出す

私は番組で初めてお会いした方やもう一回お会いしたい方には、**必ず自筆のお礼状を送ります。**枚数はその時によりけりですが、普通は1枚で十分です。相手もお忙しいので、それほどたくさん書く必要はありません。

慣れてくれば10分ほどでサササッと書けます。**本番が終わってすぐ、話をしていた時の空気感がまだ残っている時のほうが、筆が進みます。**

ポイントは、**自分の言葉で感想をつづる**ことです。「ありがとうございました」というだけだと、いったいどこの番組だったか、どのキャスターだったかすぐ忘れられてしまいます。

例えば、「先日、～～についてお聞きした谷本です」と記憶を呼び起こしたり、**「このお**

話が心に残りました」「もう少し、この点をお聞きしてみたかったです」となるべく具体的に書きます。

世界的に著名な経営学者のマイケル・ポーター教授にインタビューした時です。お礼状に、

「アメリカの大学院で先生の競争戦略を勉強していたので、先生に直接お会いできて大変光栄でした。競争戦略の授業では成績は残念ながらCでしたが、今日のインタビューは自分ではAをとれたのではないかと思います」

と書いたところ、後日お返事が届きました。

通常のビジネスではお礼状ではなくメールでもいいと思いますが、感想の内容は本番を思い出しながら、よく考えて書くことです。習慣にすれば、さほど負担には感じなくなるでしょう。例をいくつか挙げておきます。

フォローのスキル3

○　自分の言葉で感想をつづった「お礼状」を、すぐ出す

×　きちんと書こう書こうと思っているうちに出しそびれる

お礼状の例

株式会社××

代表取締役社長　○○様

先程は（注：終わった直後に書いたということをアピール）大変お忙しい中、貴重なお時間を頂戴し、誠に有難うございました。

○○社長の「知行合一」という座右の銘、私自身元より好きな言葉でございましたが、改めて、○○社長のように、この言葉を理念に掲げられる人間にならなければという気持ちになりました。

（ここに、具体的なエピソードを入れる）

これからも○○社長の益々のご活躍を心よりお祈りしております。

谷本有香

メールでのお礼の例

○○様

先程は貴重なお時間有難うございました。

取材でお答えいただいた一つ一つのコメントは、

前に進むエネルギーと合わせて大変情熱的で、こ

れまでインタビューをしてきた中でも最も心に残

る一つとなりました。

特に「～」というお話は、私自身の背中を押して

いただいた感じがいたしました。

また是非お話を伺わせて下さい。

これからのご活躍も期待しております！

谷本有香

フォロー【フォローのスキル４】

相手の役に立つ小さなことを続ける

私は、宿題という形で伝えていなくても、お会いした相手が興味を持ちそうな資料や役に立ちそうな情報があれば、こまめに送って差し上げるようにしています。

例えば、**「この間、番組で私がお話ししたのはこの本でした」**といって送ると、「最近、こんないい本を読みました」といってお返しがきたりするのです。「ご参考になるかどうかわかりませんが、この人のブログは面白いですよ」とメールをしたら、「こちらのブログも参考になります」と教えてもらったこともあります。

人はなぜか、たとえ小さなことであっても予想していなかった親切や気配りを受け取ると、「お

フォローのスキル４

○ **相手の役に立つ小さなことを続ける**

× **こちらに何か用ができると思い出したように連絡する**

返ししなくちゃ」と思うものです。何か相手にとってプラスになることを継続してやっていると、いつかお返しがあるのです。

これを私は**「ミラー作戦」**と名付けて、意識的に使っています。

フォロー

【フォローのスキル】のまとめ

1. 別れ際にもうひと言を加える
2. 相手に連絡するきっかけのため、自分に宿題を課す
3. 自分の言葉で感想をつづった「お礼状」を、すぐ出す
4. 相手の役に立つ小さなことを続ける

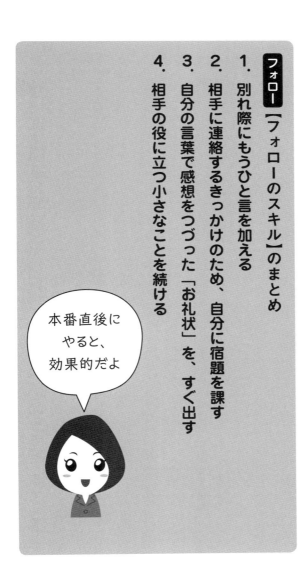

「ほどよい距離」のネットワークを、あちこちにつくる

自分で宿題をつくるのも、「ミラー作戦」で相手に役立つことも、定期的にコンタクトをとるためです。

ただし、相手が心理的に負担に感じない程度に行うことが大切です。あまり熱心にやりすぎると、逆に引かれてしまうことにもなりかねません。会って話をすると楽しくてためになり、時々思い出させてくれるようなコンタクトがある。そんなスタンスがいいでしょう。

いざ何か頼みたい時、どうしても承諾がほしい時などには、それまでのコンタクトを生かしてまたアプローチすればいいのです。

こういう**「ほどよい距離」のネットワーク**があちこちにできれば、ビジネスでもプライベートでもきっとプラスに働くことは間違いありません。

そうやって、次の準備、次の本番へつなげていきます。その繰り返しによって、相手との関係がどんどん深まっていくはずです。

◎信頼が深まると、相談を受けることが多くなる

相手とのコミュニケーションが継続し、関係が深まっていくことでポジティブな変化がいろいろ起きます。

具体的には、**相談を受けることが多くなる**でしょう。相談を受けるのは、あなた自身の信頼度をもっと高める最高のチャンスです。

相談を受けたら、相手が「どうしてそういう相談をするのか」「どんな答えを期待しているのか」を考えてみます。

「アクティブ リスニング」によるそれまでのコミュニケーションによって、相手のバックボーンや思考パターンについてはかなりわかっているでしょうから、相手の立場に立って頭を絞り、相手のためになると思われる答えを伝えます。

例えば、人は悩んでいる時、自分の考えに固執してしまっていたり、物事の一つの側面にばかりとらわれていることがあります。そういう場合、「ある本で専門家がこういう分析をしていたのを読んだことがあります」とか「私の知り合いで同じような問題に悩んでいた人がいて、その人はこういうふうに解決したって言っていましたよ」というように、

相談を受けたら
こんなふうに対応する

1. どうして自分に相談するのか
考えてみる

↓

2. どんな答えを期待しているのか
（あるいは答えは特にいらないのか）
想像してみる

↓

3. 相手の立場に立って、相手のため
になる「答え」を提供する

例）
・別の見方を提示する
・話を整理する
・相手が自分で選択する手助けをする

別の見方を提示してあげます。

相手が混乱している場合、話を整理してあげてもいいでしょう。「このプロジェクトを辞めたいと言っているけれど、話を聞いていると、そのプロジェクトのリーダーである××さんと考えが合わないというふうに聞こえるよ。プロジェクト自体はやってみたいんじゃない？」などという具合に、相手の悩みのポイントを探し当ててあげるのです。

こちらの意見を押し付けたり、一般論で諭したりするのではなく、あくまで相手が自分で選択できるよう手助けするのです。

相談を受けるとつい解決策を出してあげようとしがちですが、そうではなくて一緒に考えるという姿勢を見せてあげるほうがよほど相手の役に立ちます。

人生のポジティブ・スパイラルへ

相談を受けるというのは、相手にとって数多くの知り合いの中で最も信頼のおける一人になったことを意味します。相手は年下だけでなく、上司や先輩も含まれるでしょう。そうした人間関係を「アクティブリスニング」はつくるのです。

そういう関係ができれば、「今度また仕事を一緒にしたい」「あのプロジェクトを任せてみようか」となり、仕事において重要なポジションや役割がまわってくるようになります。こちらからガツガツ捕りに行かなくても向こうからやってくるのです。

私の場合、それはコメンテーター、プロデューサー、大舞台でのパネリスト、重要番組のメインアンカー、VIPのインタビュアーといった役回りでした。

またインタビューした政治家や経営者の方から、「この前の対談は面白かった」「谷本さんと話す時はちゃんと勉強してこないとね」「谷本さんなら出演します」「ぜひまた呼んで下さい」といったコメントをいただきました。

いまでも多くの方たちとの交流があり、何かあればこちらからご相談したり、時には私がお手伝いしたり、私にとってはとても大切な財産になっています。

こういうふうにして、人生のポジティブ・スパイラルが動き出す。これこそが「アクティブリスニング」の一番大きなメリットだといっていいでしょう。

第5章

「アクティブ リスニング」を磨くトレーニングと応用法

9つのトレーニングと4つの応用例で、「アクティブ リスニング」が完璧に身につく

「ユカさん、いろんなところで『アクティブリスニング』が使えるようになってきました。でも、時々うまくいかないこともあるんです。どうしてでしょう？」

「私だって、いつもうまくいくわけじゃないよ」

「そうなんですか！」

「ただ、意識的に練習してみたり、応用法を知っておくと成功の確率はあがると思うよ」

「へー、どんな練習するんですか？　応

時々うまくいかなくなるんです
意識的に練習すると確率があがるよ
ユカ
ノンちゃん

用法ってどんなのですか？」

「それはね……」

当たり前だけど、なかなかできていない大切なこと

前章までで、「アクティブ リスニング」の基本（「傾聴」と「問答」）、3ステップの実践法（準備→本番→フォロー）、そして具体的なスキルの数々をご紹介してきました。

「アクティブ リスニング」とはどんなものか、どういうふうにやればいいのか、だいたいおわかりいただけたのではないでしょうか。

どれも当たり前であったり、ごく普通のことだと思われたかもしれません。しかし、実際にはそれがなかなかできていないのです。「アクティブ リスニング」は誰でもその気になれば身につけ、使いこなせる技術だと申し上げましたが、それは当たり前のこと、普通のことがきちんとできるかどうかにかかっています。

本章ではさらに、「アクティブ リスニング」に関わるいくつかのトレーニング法と応用法をご紹介しましょう。

【トレーニング1】相手が話し終わるまで黙って聞く

これは第1の「聞く」、つまり「傾聴」の力を鍛えるためのトレーニングです。

私たちは、誰かの話を聞いていても最後まで黙って聞くということがなかなかできません。つい途中で感想を述べてみたり、結論を先回りして言ってみたり、時には反論や否定することさえあります。

しかも、そういう「話の割り込み」は優秀な人ほどよくやるのです。ご本人としては相手の言いたいことを早めに理解し、早く答えを教えてあげたい、あるいは時間を節約してあげたいと思っているのかもしれません。

しかし、こうした態度は往々にして逆効果です。誰だって自分の言いたいことを最後まで話したいはずです。途中で話の腰を折られたり、先を越されたり、まして自分が話し終える前に反論を聞きたいと思っている人はいません。

このトレーニングは皆さんぜひ一度、やってみて下さい。「アクティブ リスニング」がうまくできなくなった時なども、基本に立ち返るという意味でやってみるといいでしょう。

相手は会社の同僚でも友人でも奥様、旦那様でも構いません。相手が話し始めたら、**とりあえず一つの話題やセンテンスが終わるまで意識的に口を閉じています。**

頷いたり相槌を打つくらいは構いませんが、決して自分の意見や感想を述べてはいけません。「それは違うよ」「もう知ってるよ」といった表情をするのも封印します。

きっと皆さん、意外に苦しいことに気づくでしょう。いかにいつも、好き勝手に口をはさんでいるか、驚くと思います。

何度かこのトレーニングを繰り返せば、相手の話を最後まで聞くことが意識的にできるようになるはずです。

また、**相手の話を最後まで聞いている間に、表面上の言葉ではなく相手が本当に伝えたいことや気にしていることは何かを考えたり、相手に対してどういう質問や感想を投げか**

あなたもこんな「話の割り込み」してませんか？

相手の説明の途中で → ×
「なんだ、その話か……」
「それって、アレでしょ？」
「知ってる、知ってる」

相手が結論を言う前に → ×
「つまり〜ってことだろ」
「また〜だって言うんだろ」

相手の話を強引に遮って → ×
「それは違うよ！」
「わかってないな！」
「こうしたほうが絶対いいよ！」

ければ話がもっと盛りあがるか考えることもやってみて下さい。

余裕を持ってそこまでできれば、間違いなく「アクティブ リスニング」の上級者に近づいています。

【トレーニング2】よく知らない相手の長所を5つ見つける

これも、「傾聴」の力を磨くためのトレーニングです。

トレーニングのやり方としては、**あまりよく知らない人を選び、例えば異動してきた新しい同僚なら1週間、時々しか会わない取引先の人なら1カ月といった期限を決めて、その相手の長所を5つ見つけ、その理由を挙げてみる**のです。

長所は何でもいいです。身だしなみや持ち物、歩き方や言葉遣いでも構いません。とにかく自分の視点で、相手の「ここが素晴らしい」と思えるところを探します。

長所を5つも見つけるには、相手をよく観察しないといけません。よく観察しているうち、相手のいろいろな面が見えてくるでしょう。

また、長所だと思う理由を挙げるには、自分なりに考える必要があります。理由を挙げることで、相手への理解が深まっていくことを実感するはずです。

少し例を挙げておきます。

新しい同僚の場合

☆待ち受け画面がお子さん。意外に子煩悩である

☆遅刻したことが一度もなく、毎朝同じ時間に席に着く。几帳面な性格だ

☆学生の頃、被災地でボランティアをしていたそう。行動力がある

☆お昼に必ず副菜で野菜サラダを大盛りで食べている。健康管理を心がけているようだ

☆飲み会ではいつも二次会、三次会、最後まで付き合う。協調性が高い

取引先の人の場合

☆いつも趣味のいいネクタイをしていて、おしゃれだ

☆外で打ち合わせの際、空いていて雰囲気がいいカフェをチョイス。情報通だ

☆クールに見えるけれど、少しおっちょこちょいなところがあって憎めない

☆**メールの返信がとても速い**
☆**他の人から「あの人は面白い」という評判をよく聞く。アイデアマンのようだ**

【トレーニング3】
一緒に仕事をしたい相手に提供できるメリットを、5つ考える

同じようなトレーニングとして、**一緒に仕事をしてみたい相手に提供できるメリットを5つ考えてみます。**

相手に提供できるメリットを探す場合、自分の強みを探す作業がベースになります。それには、相手と差別化できるところ、自分が人から求められている役割、自分にしかできないこと、得意なことなどに着目します。

例えば、相手が男性で自分が女性であれば「女性視点」、年齢が違えば「自分のジェネレーションの視点」を提供することができそうです。

同じように、「独身の視点」「母親の視点」「自分が以前いた職場での経験から得た視点」「自分が以前いた業界からの視点」なども考えられます。

相手が興味を持っていることや好きなことに関連して、「社内の若手の意見を集めたレポート」「相手が好きだと言っていた作家やミュージシャンの作品の感想」「出張先で見つけたおいしいつまみ」などもいいと思います。

【トレーニング4】相手と会う前に、目標と話の流れを書き出してみる

ここからは第2の「聞く」、つまり「問答」の力を磨くためのトレーニングです。

人と話をする時、皆さんは目標をどれくらい意識しているでしょうか。ビジネスであれば**「今期の売上目標を達成する」**といった大きな**目標**があり、そこに至るため**「新規開拓のため30件のアポイントをとる」「相手方のニーズに合わせた提案を5パターン用意する」「研究開発部門、製造部門との連絡会議を月1のペースで開く」といった中間点も設定できるはず**です。

しかし、実際にはさらに細かくひとつひとつの面談、打ち合わせ、会議などでどこまで到達するかブレイクダウンして考えておく必要があります。

そこで、ビジネスであれプライベートであれ、何らかの結果を得るため人と会う際、毎

回具体的な目標と大まかな話の流れを書き出してみましょう。タイミングとしては、その人と会うと決まって、それに向けての準備に取りかかった時がいいでしょう。

例えば、商談を進めている取引先に対して契約条件の話をし、次回のアポイントを設定したいという場合は、こんな感じです。

今回の目標　こちらの契約条件を説明し、次の面談のアポイントをとる

話の流れ
1．相手の課題・ニーズの再確認
2．こちらの提案がその課題・ニーズをどう解決するかの説明
3．契約条件の基本的な考え方のすり合わせ
4．次回のアポイント設定
5．合間に相手との共通点を見つける（趣味、家族構成、出身地など）

私たちはともすると、相手と会って話をすること自体が目標になってしまうことがあります。忙しかったり、ほかに気になることがあったりすると、余計にその傾向が強くなります。しかし、コミュニケーションはあくまで手段であって、そこには自分の目標があるはずです。

また、**話の流れを意識しておかないと、伝えるべき用件を言い忘れたり、相手の重要なシグナルを見逃したり、余計なひと言で雰囲気を台無しにしたり、というケースを見かけます。**

誰かと会う前に短時間でいいので考える時間をとり、こうしたメモに書き出すだけで、コミュニケーションの生産性は格段にあがると思います。空いた時間に、「あれがいるな」「これも聞いておこう」という感じで繰り返し、癖にしてしまいましょう。

【トレーニング5】
気になる相手と親しくなるプロセスを設定し、質問を考えてみる

「問答」の力をつけるには、いろいろな質問をタイミングや相手の状況に応じて考え、使いこなしていくことが不可欠です。

そのためのトレーニングとして、誰か相手を選び、その相手との関係を深めていくプロセスと質問を考えてみましょう。

ここではひとつの例として、あまりよく知らない異性と親しくなるためのプロセスと質問を挙げてみます。

第1段階 顔見知りになるため相手が好きなもの、関心の対象などを探る

「よく休み時間に本を読んでいるけど、どんなジャンルが好きなの？」

「駅の近くで、おいしいランチの店知らない？ いつも同じようなところにしか行かないので飽きちゃってさ……」

「昨日のあのニュース、僕はこう思ったんだけど、君はどう感じた？」

第2段階 自分をアピールするため、強みや特徴を知ってもらう

「こう見えてもオレ、高校時代はバレーボール部に入っていて県大会で優勝したことがあるんだ。君は何か部活やっていた？」

「子どもの頃、田舎の親戚の家に3年ほど預けられていたことがあってね。ちょっと寂しかったけど、誰とでもすぐ仲良くなれるのはその頃のおかげかな。あなたの子ども時代はどうだった？」

「今年から、簿記の勉強を始めたんだけど、わからないところがあってね。君は経理部だろ、ちょっと教えてくれない？」

第3段階 親しみと信頼感を持ってもらう

「君が担当しているプロジェクトの参考になりそうな記事があったから、あとでＰＤＦにしてメールしておくよ。次もまた、送っていいかな？」

「この前、新しく出たこのボールペン、すごく書きやすいと思うんだ。使ってみて感想を聞かせてくれない？」

第4段階 何か共通の目標を持つ

「営業先の近くでランチしたら、すごくお洒落な一軒家のイタリアンがあってさ。今度行ってみない？」

「残業続きで疲れたでしょう。私もここ1カ月、トラブル続きでくたびれちゃった。気分転換に今度の日曜日、映画にでも行かない？」

その場、その場でいろいろ質問が浮かんだり、考えたりすることは誰でもやっているでしょうが、ひとつの流れとしてプロセスやストーリーを組み立て、そこにいろいろな質問を並べてみることは、あまりないはずです。

架空で構わないので何度かやってみると、自分らしい質問をつくったり、話の流れをイメージする力がつくはずです。

【トレーニング6】まわりとは違う立場で理由を3つ挙げてみる

これは、**他人とは違う自分らしい質問ができるようになるためのトレーニング**です。「アクティブ リスニング」ではもともと、**ライバルとの差別化をとても重視します。**誰でもできるような質問、受け答えをしていては相手の印象に残りません。その他大勢の中の一人では、コミュニケーションの生産性があがらないのです。

そこで自分の強みや特徴を意識するのですが、それは別に優秀なスキルがあるとか、すごい資格を持っているとか、誰もしたことのないような経験があるといったことではありません。「すごい人」である必要はまったくないのです。**ポイントはむしろ他人と闘わないことであり、まわりの皆との違いを探すことです。**

社会一般ではマイナスと思われているような違いでも構いません。例えば悪いのですが、テレビの世界では「おバカ」であることや「ネガティブな言動」で人気があるタレントさんがいますが、基本的な考え方は同じです。

マーケティングではこうしたアプローチを**「ブルーオーシャン戦略」**と呼んだりします。競争の激しい既存市場＝レッドオーシャンではなく、ライバルがいない未開拓市場＝ブルーオーシャンを探し、そこで勝負するのです。

このトレーニングでは日頃、新聞を読んだり、テレビを観たり、会議に出たりした時など、多くの人が同意している意見やコメントとは反対の立場を意識してみましょう。

例えば、「就職するなら大企業がいい」という意見を聞いたとします。確かに、大企業のほうが待遇は良く、経営は安定していて、親も喜びます。しかし、就職先の良し悪しの基準は何か、そもそも大企業の定義は何か、就職と転職では違うのか、性別や出身校などで条件は同じか、などいろいろ論点があります。

そうした論点を使って、反論を組み立ててみます。

「待遇はいいかもしれないけど、やりがいやスキルを磨くことを考えればベンチャーのほうがいいのではないか？」「資本金や従業員数と経営の安定性は本当に比例するのか？」「グローバル時代、就職を日本の中だけで考えていていいのか？」「女性の場合、結婚や出産といったライフイベントを考えたら大企業は本当に働きやすいのか？」など突っ込みどころはいろいろあるでしょう。

また、**このトレーニングで大事なことはすぐ言語化することです**。「逆ならどうなるのだろう」とすぐ反対論の要旨をワンフレーズにまとめ、その理由を3つ挙げてみます。反対論のテーマが自分の意見と違っていたりすることもあり最初は難しいかもしれませんが、何度も繰り返しているうち、どんな視点で考えればいいのか、理由はどのようにまとめればいいのか掴めてきます。

まわりとの差別化をその場ですぐ行う感性と反射神経を磨くのがこのトレーニングです。

【トレーニング7】自分らしい言葉やフレーズを集める

相手との会話でいかに本音を引き出し、自分の考えを上手に伝えるかでコミュニケーションの結果は大きく変わってきます。

それにはひとつひとつの言葉を大切にすることが欠かせません。相手の言葉をよく聞くとともに、自分の言葉も丁寧に磨きましょう。自分らしい言葉やフレーズを集めてみるのです。

ただ、「自分らしい言葉やフレーズ」といっても、自分ではなかなかわからないものです。自分が思っているものと、まわりが感じているものが違っていることもよくあります。

そこで、**知人や家族や友人に自分が使った言葉やフレーズで印象的だったもの、「いいね」と思ったものを教えてもらいましょう。**意外に自分ではそれほどでもないと思っていた言葉やフレーズが相手に響いていたり、自分ではいいと思っていた言葉やフレーズが逆効果だったりするものです。

また、**同じことを伝えるのに50の違う言い方を考えてみましょう。**

感謝を伝えるのであれば、「ありがとう」「感謝しています」「助かりました」「○○さんのおかげです」などが定番です。その他、「ほっとしました」「涙が出ました」「あったかい気持ちになりました」など、実際に感謝を感じた場面での心境を表す言葉も集めてみましょう。

自己紹介であれば、名前にひっかけて「身体は小さいですが大木と申します」「おしゃべりなのに名前は静香です」などというフレーズはインパクトがあります。

ほかにも、「つい最近転職したばかりの○○です」「課長になって3日目の○○です」「先程からお名刺交換させていただけること、ずっと心待ちにしておりました○○です」など、ちょっとした形容をつけるだけで印象はずいぶん違います。

感謝を伝える言い方はいろいろある

謝意

「ありがとう」「○○さんのおかげです」
「助かりました」

心境

「ほっとしました」
「あったかい気持ちになりました」
「○○冥利に尽きます」
「申し訳ない気持ちでいっぱいです」

体感

「涙が出ました」「鳥肌が立ちました」
「しばらく声が出てきませんでした」

比喩

「うれしくて天にも昇る感じです」

決意

「必ずご期待に沿うよう頑張ります」

とにかく相手に覚えてもらうことが重要です。特に初対面での自己紹介はお互い、一生に一回の機会であり、普通に名前を名乗るだけではもったいないです。

【トレーニング8】質問の主語と述語をはっきりさせてみる

これも「問答」の力を磨くためのトレーニングです。

日本語は主語と述語があいまいなところがあり、日頃の会話でも「誰」が主語なのか、「何」をするのかしないのか、よくわからないことがあります。前置きが長すぎたり、同じことをだらだら繰り返したり、話が込み入っていたり、論旨が二転三転したりすると、間違いなく「この人の話はわかりにくい」と思われてしまいます。

それは話す側の頭が整理されていない証拠です。質問をクリアにするために、まずは主語と述語の対応をはっきりさせましょう。

私がかつて、あるファッション関係者にインタビューする仕事の依頼を受けた時、依頼主から渡された質問に、次のようなものがありました。

「モード界では最近、デザイナーの世代交代が進んでいますが、ファッション・ブランドはどのように変わっていくべきでしょうか？」

何となく聞きたいことはわかりますが、「ファッション・ブランドはどのように変わっていくべきか」の主語があいまいです。いろいろあるファッション・ブランド全般が主語なのか、どこか特定のブランドを想定しているのか、また隠れた主語として消費者がどう思っているのかを聞いているとも受け取れます。

このケースでは依頼者が用意した質問だったので依頼者に確認すればいいでしょうが、よくやってしまうのは、自分自身が漠然とした質問をつくってしまうことです。

本番に向けて質問をつくったら、それを第三者の目で分解し、修飾語など枝葉を取り払い、明確な主語と述語からなる短い文章、センテンスに凝縮してみましょう。

また、質問される側になってみて、その質問を自分が聞かれたとして、どう答えるのか確認しましょう。

例えば、「～についてどう思いますか？」という、いかようにも答えられる質問ではなく、具体的に「～は好きですか、嫌いですか？」「～に賛成ですか、反対ですか？」というように、YESかNOで答えられるようにしてみます。

何度か繰り返していると、ピンポイントで自分が聞きたいことを引き出せる質問のつくり方がわかってくるはずです。

【トレーニング9】
身近な人相手に、「アクティブ リスニング」の3ステップをやってみる

このトレーニングは、「アクティブ リスニング」の実践における、準備→本番→フォローという3つのステップを、友人や家族など身近な人を相手に、コンパクトに経験してみるものです。

第1ステップの「準備」では、前から頼みたかったり、一緒にちょっとやってみたかったことを目標に選びます。そして、相手にとってどんなメリットがあるか、どういう話の持っていき方だと説得しやすいか考えてみます。

相手の承諾をとりつける**第2ステップの「本番」は、「傾聴」よりは主に「問答」に重点を置くといいでしょう。**

例えば、外食があまり好きではない夫に、以前から行ってみたかったイタリアンレストランに連れて行ってもらいたいとします。この場合、自分の考えを疑問形で伝えるスキルを使ってみます。

「この前、いつもと違うパスタが食べたいと言ってたわよね？　プロだと季節の素材をどんなふうに使うのか知りたいから、最近評判のイタリアンに連れて行ってくれない？」

といった感じです。

また、妻に新しいゴルフクラブを買うOKをもらいたいとします。この場合は、角度を変えるスキルで、関係ない話題から入ってみるといいでしょう。

「この間、ニュースで見たんだけど、趣味を持っている男性のほうが健康寿命が長いらしいよ。本当かね？　ま、趣味でストレス発散するのがいいのかもしれないね。俺ももう一度、ゴルフをやろうかな？　どう思う？」

といった感じで意向をうかがうのです。

第3ステップの「フォロー」では、ゴールを達成しての成果を相手に示したり、感想を伝えたりするとよいでしょう。

いまの例でいえば、「今日はこの前のお店で食べたお料理を参考に、ツナと春野菜のパスタをつくってみたわ」とか、「久しぶりにコースに出たら、足腰にきちゃってさ。普段からもっと歩くことにしたよ」なんて言ってみるのです。

最初のうちはなんだか照れてうまくいかないかもしれませんが、なにごとも慣れです。何度か繰り返すうち、「アクティブ リスニング」の3つのステップのやり方が身についているはずです。

普段の仕事やプライベートでのスキルの応用例

「アクティブ リスニング」は、ビジネスにおけるここ一番という場面で、準備→本番→フォローという3つのステップを通して効果を発揮します。この3つのステップを順に踏むことがとても重要なのです。

ただ、普段の仕事やプライベートでは、急に予定が決まったりして、3つのステップをきちんと踏むのが難しいことも少なくありません。そんな時は、場面に合わせてご紹介した48のスキルの中から役立ちそうなものを組み合わせて使っていただければいいと思います。

そうした日常的な場面での応用例を、いくつかのシチュエーション別に考えてみましょう。

【応用例1】パーティーで初対面の人と仲良くなる

いろいろなパーティーで初対面の人とコミュニケーションをとるのは、誰にとっても難しいものです。もちろん一回限りで構わない場合もありますが、中には食事をしたり、継続的に仕事をするなど関係を発展させたいというケースもあるでしょう。

そこで、**【準備のスキル1】自分が目指す「目標」を、まずは明確にする**を使ってみます。

出席者がわかっている場合、一番話したい人をあらかじめ決めておくといいでしょう。そして、「自分の名前を覚えてもらう」「その方ともう一度会えるようにする」など目標を決めます。

次に、**【準備のスキル9】相手との違いや共通点から、自分の強みを意識する**を使い、相手に自分を印象づける話題を考えます。効果的なのは「際立つポジション」です。異業種交流会でしたら、自身の職業が際立つポイントになるでしょう。また、同業の交流会でしたら、自身の経歴や出身地、相手との共通点などを探してみるといいでしょう。

相手を目の前にしたら、**【傾聴のスキル14】相手の共感を引き出すフレーズやアクションを使う**を使います。「○○さんと同じ××出身なんです。高校はどちらです？」「フェイスブックを拝見しました。先日○○に行かれたそうですね。実は私もずっと行ってみたいと思ってたんです。どんなところでしたか？」など、自分を紹介しつつ相手が気持ちよく話せるよう促します。

まったく初めて会う人でも要領は同じです。自分と相手の共通点や興味を見つけるための質問を会話の間に入れてみるのです。例えば、「○○さんはどちらの出身なんですか？」「最近行かれたところで面白いところはありましたか？」「素敵な服ですが、どこのブランドですか？」「今日はどなたの紹介でいらしたのですか？」などと尋ね、話の流れをつくっていきます。

なお、パーティーでは時間が限られているので、**【問答のスキル2】慣れないうちは「それで？」の繰り返しでOK**を使います。

例えば、相手の経験談に対し、「へー、難しかったのはどこですか？」「すごいですね。うまくやり遂げる秘訣はなんですか？」と聞いていけば、きっと話が盛りあがります。また、相手の役に立ちそうな情報を自分が持っていれば、これ見よがしではなく、さりげなく質問などに盛り込んでみます。

最後に、**【フォローのスキル2】相手に連絡するきっかけのため、自分に宿題を課す**を使います。すぐ「次、いつお会いしましょうか」などとプッシュせず、「今度、同じ県出

パーティーで初対面の人と仲良くなる応用例

準備

準備のスキル1

自分が目指す「目標」を、まずは明確にする

- 一番話したい人は誰か？
- その人とどうしたいか？

↓

準備

準備のスキル9

相手との違いや共通点から、自分の強みを意識する

- 相手の職業は？
- 相手の趣味は？
- 相手の出身地は?
- それらとの関係で自分がアピールできる点はどこか？

↓

本番

傾聴のスキル14

相手の共感を引き出すフレーズやアクションを使う

- 印象的な自己紹介はどうしたらいいか？
- 相手に話を促すにはどんな質問がいいか？

身の方が集まる会があるのでご連絡させて下さい」「早速、○○に行ってみますね。行ったらご報告させて下さい」などと自分に宿題を課し、連絡させていただくきっかけをつくるのです。

なお、パーティー会場などでは、あまり**相手の時間を独り占めするのは厳禁**です。短時間で印象を残して他の方に譲る。この潔さも相手への印象につながりますので配慮したいものです。

【応用例2】新任の上司と良い関係をつくる

この場合も、**【準備のスキル1】自分が目指す「目標」を、まずは明確にする**を使います。自分の目標としては、「上司の信頼を獲得し、新しいプロジェクトのメンバーに加えてもらう」「人事異動での希望をサポートしてもらう」といったことが考えられます。

また、**【準備のスキル3】相手に提供できるメリットを、同時に考える**によって上司のメリットも考えてみます。一般的には上司を助け、チームのミッションを達成し、上司の評価がアップするよう貢献することでしょう。

次に、**【準備のスキル8】ここ一番や重要な相手は、バックグラウンドまで調べる**を使い、上司のことをいろいろ調べてみます。

これまでどんな仕事で実績をあげてきたのか、かつての上司（上司の上司）は誰だったのか、以前の部署で部下はどんなタイプが多かったのか、どんなタイプを評価しているのか、好きな食べ物は何か、性格は温厚かそれとも気難しいのか、家族構成はどうなっているのか、などできるだけ幅広く情報を集めます。

さらに、**【準備のスキル9】相手との違いや共通点から、自分の強みを意識する**を使い、自分のポジションを考えてみます。チームにおける自分の強みは何か、期待されている役割は何か、どういう動きをすれば上司としてうれしいのか、などです。

個人的に話す機会がつくれたら、**【問答のスキル10】質問に自己アピールをさりげなく混ぜ、「デキるな！」と思わせる**を使います。

「部長が前にいらっしゃった部の××と同期なんです。××からは部長は~がご趣味と聞いたのですが、最近出た△△はどう思われます？」「部長は経理部にもいらっしゃったんですよね。いま、ＩＦＲＳ（国際財務報告基準）を勉強しているので、ぜひご教授いただけませんか？」など、自身を上手にアピールするといいでしょう。

さらに、**【フォローのスキル2】相手に連絡するきっかけのため、自分に宿題を課す**を

準備

準備のスキル9

相手との違いや共通点から、自分の強みを意識する

- チームにおける自分の強みは何か？
- 期待されている役割は何か？
- どういう動きをすれば上司としてうれしいのか？

↓

本番

問答のスキル10

質問に自己アピールをさりげなく混ぜ、「デキるな!」と思わせる

- 上司の趣味に関連した新しい情報を話題にする
- 上司が詳しい分野の勉強をしていることを伝える

↓

フォロー

フォローのスキル2

相手に連絡するきっかけのため、自分に宿題を課す

- 勉強の進捗状況を知らせる

↓

フォロー

フォローのスキル4

相手の役に立つ小さなことを続ける

- 資料集めやデータ整理などを代わりにやる
- 他のメンバーの声を上司に伝える

新任の上司と良い関係をつくる応用例

準備

準備のスキル1

自分が目指す目標を、まずは明確にする

- 上司の信頼を獲得し、新しいプロジェクトのメンバーに加えてもらう
- 人事異動での希望をサポートしてもらう

↓

準備

準備のスキル3

相手に提供できるメリットを同時に、考える

- 上司を助け、チームのミッションを達成し、上司の評価がアップするよう貢献する

↓

準備

傾聴のスキル8

ここ一番や重要な相手は、バックグラウンドまで広く調べる

- これまでどんな仕事で実績をあげてきたのか？
- かつての上司（上司の上司）は誰だったのか？
- どんなタイプを評価しているのか？
- 性格は温厚かそれとも気難しいのか？ etc.

使い、「勉強の進捗状況、お知らせさせて下さい」などと自分に宿題を課し、次の約束を取り付けます。

また、**【フォローのスキル４】相手の役に立つ小さなことを続ける**によって、上司が役員からの急なリクエストで時間をとられているようなら資料集めやデータ整理など自分でできる作業を代わりにやるとか、新しい部署ということでメンバーとの距離感がもうひとつ掴めていないようなら他のメンバーの声を上司に伝えるとか、するといいでしょう。

次第に上司から依頼がきたり、相談を持ちかけられたりするようになるはずです。そうなれば、自然にゴールが見えてくるはずです。

【応用例３】取引先からの信頼を高める

私はこれまで何人ものトップ営業マンにインタビューしてきました。皆さんが共通しておっしゃるのは、**「相手の期待値を超え続けること」**です。

金融系のコンサルティング会社を経営するある男性は、不況下で同業他社が苦しんでいる時も多くのディール（取引）をこなしてきたやり手ですが、彼曰く、**「５日でできそう**

な課題でも余裕を持って10日かかると言っておく。そして半分くらいの期間で仕上げていくと、相手の信頼度が増し、ディールにつながる」のだそうです。

彼の場合、相手がスピードを重視していることを理解したうえで、仕事を早く仕上げるべく努力をしているという印象を与え、スムーズに契約を勝ち取っています。

しかし、相手の期待を超えるにはそもそも、相手が置かれている状況、声に出さないニーズ、心の内を読みとることが前提となります。それがないと往々にして良かれと思って余計なことをしてしまったり、見当違いな無駄な労力を費やしてしまったりします。

営業に限らずどんな仕事でも、「相手の話を傾聴する」→「ニーズを把握する」→「解決策を提案・実行する」→「フィードバックを受ける」というサイクルの繰り返しではないでしょうか。

ただ、相手に直接、「困っていることは何ですか？」「どんなニーズがありますか？」とはなかなか聞けないものですし、相手も自分の本当の課題やニーズを把握していないことが少なくありません。

そこで、取引先からの信頼を高めるには、**【傾聴のスキル２】相手先へ出向く時も、敬意のひと手間を惜しまない**を使い、自分なりの視点やアイデアを盛り込んだ提案書などを用意します。

また、先方の担当者と会う際には**【傾聴のスキル９】熱意や覚悟を心の中に持つことで、自信を示す**を使い、「努力はいといません」「あなたのために絶対頑張ります」「真剣に取り組みます」という思いを込めるのです。ある程度、時間も手間もかかり効率的ではないかもしれませんが、真摯に聞く心構えや身振りは必ず効きます。

そして、話の中で何か役立てることが出てきたら、**【フォローのスキル４】相手の役に立つ小さなことを続ける**を使い、すぐ行動します。

この繰り返しによって何でも話せる相手として信頼してもらえるようになり、そこから「相手の期待値を超え続けること」が可能になっていくはずです。

取引先からの信頼を高める応用例

本番

傾聴のスキル2

相手先へ出向く時も、敬意のひと手間を惜しまない

・自分なりの視点やアイデアを盛り込んだ提案書などを用意する

↓

本番

傾聴のスキル9

熱意や覚悟を心の中に持つことで、自信を示す

・「努力はいといません」「あなたのために絶対頑張ります」「真剣に取り組みます」という思いを込める

↓

フォロー

フォローのスキル4

相手の役に立つ小さなことを続ける

・話の中で何か役立てることが出てきたら、すぐ行動する

【応用例4】

プレゼンテーションでの勝率をあげる

プレゼンテーションというと、こちらから一方的に話すことだと思われがちですが、「アクティブ リスニング」を応用するとより大きな効果が期待できます。

まず、**【準備のスキル8】ここ一番や重要な相手は、バックグラウンドまで調べる**を使います。相手には何らかの問題や課題があり、それを解決するための提案を求めています。そうした相手の問題や課題を把握し、それに対する自社の提案を考えるのは当然として、さらに次のような点についても準備段階で調べてみましょう。

- 決定権を持っているのは誰か
- 出席者の意見を左右する実力者は誰か、何人もいるのか
- 実力者はどんな思考や意見を持っているのか
- 関係者はどのような議論を好むのか
- どのような質問をしてくることが多いのか
- 自社に対して友好的なのか、そうではないのか

・友好的でないとしたら理由は何か
・重要人物の心に刺さるようなエピソードや言い方、その人が好きな著名人の名言などはあるか

プレゼンテーション本番にあたっては、**【問答のスキル9】自分の考えや気持ちを疑問形で伝える**が役に立ちます。プレゼンテーションはこちらからの提案内容を説明する場ですが、一方的に話すだけではなく、相手との双方向のやり取りを意識するのです。

例えば、相手側で影響力のある人がわかっていれば、プレゼンの途中で「○○さん、実際、こういう問題があるのではないでしょうか？」「○○さんでしたら、この点についていかがお感じですか？」などと直接聞いてみます。一方的とみられるプレゼンを双方向型のように、もっと言えば相手が主体となって参加しているような仕掛けをつくるのです。

よくアメリカのプレゼンテーションでは冒頭で、「この中で××を知っている人、もしくはやったことがある人はいますか？」と問いかけるケースを見ます。これも最初のうちに聴講者を巻き込む一つのやり方です。

こういうやり方を繰り返しているうち、最初は「自分には関係ない」と思っていた相手も、真剣に中身を検討したり、実行してみようと思うようになるでしょう。

さらに、**【傾聴のスキル15】終わりの演出にこだわる**によって将来へと続くようなメッセージを盛り込みましょう。

・このような機会を与えてもらったことへの謝意
・プレゼンを通して得られた相手についての気づきや思い
・もし一緒に行えることになった場合に生み出される価値のイメージ
・相手が持っている可能性や強みに対する期待

プレゼンテーションは情報発信の性格が強いコミュニケーションですが、それゆえ「アクティブ リスニング」を応用すると効果はぐんとあがるでしょう。

基本はこちらから一方的に話すのではなく、相手の反応も見ながら一緒に新たな価値を創り出していくんだという心持ちで臨むことだと思います。

プレゼンテーションでの勝率をあげる応用例

準備

準備のスキル8

ここ一番や重要な相手は、バックグラウンドまで調べる

- 決定権を持っているのは誰か？
- 実行者はどんな思考や意見を持っているのか？
- 関係者はどのような議論を好むのか？
- どのような質問をしてくることが多いのか？

etc.

↓

本番

問答のスキル9

自分の考えや気持ちを疑問形で伝える

- プレゼンの途中で問題点の指摘などを質問の形で伝える

↓

本番

傾聴のスキル15

終わりの演出にこだわる

- 将来へと続くメッセージを盛り込む

おわりに

もう15年以上も前のことです。

大阪から東京へ向かう新幹線の中で、私は涙をこらえることができませんでした。

まわりの人にも気づかれるぐらい、大粒の涙を流していたと思います。

当時、私は一般企業のＯＬから一足飛びにフリーランスのキャスターになり、日本を代表する大阪の大手企業で社内外向けテレビ番組を担当させていただいていました。

しかし、当時の私はキャスターとしての話術はおろか、普通の社会人としての正しい言葉遣いも知らず、まわりの人とスムーズにコミュニケーションをとることさえ満足にできていませんでした。

当然、番組の責任者からは大変厳しい言葉をいただきました。

「使い物にならない」

「評判が悪い」

「なんとかならないものか」

「こんな状態じゃこれ以上使えない」

こうした言葉も、なんとか頑張ってほしいという気持ちからのものだということは重々承知していました。

けれど、自分自身が情けなくて、不甲斐なくて、頑張っても頑張ってもうまくならない自分のスキルのなさが悔しくて、またそんな私をかばい励まし、苦心して番組の改善を図って下さるディレクター、現場での立ち居振る舞いからそれこそ手取り足取りで教えて下さるスタッフ。そのひとりひとりの顔、叱咤の言葉を思い出し、ただただ申し訳なくて涙がこぼれるのでした。

こんな私を採用していただいたこと。

我慢強く使い続けていただいたこと。

まったくの素人にプロの世界を教えていただいたこと。

散々な収録の後、大阪では一人だろうと食事に誘っていただいたこと。

ひとつひとつ数え上げればきりがないくらい、たくさんのご恩をいただいたのだから、せめて社会人として恥ずかしくない人間になろう。

願わくば、一人前のキャスターとしてやっていけるようになった自分を見ていただきたい。

それが何よりのご恩返しになるのではないか。

ずっとこの思いを胸に今日までやってまいりました。

その後、紆余曲折はありながら、本書の中でもふれているように、少しはあの頃の目標に近づけたのではないかと思うのです。

そして、そんなふうに思えるようになった先日、フェイスブックを通じて、当時、私を励まし、たくさんのサポートをして下さった方から、

「あの当時は楽しかったです。いま、大活躍されておられ本当にうれしいです」

というご連絡を頂戴しました。

また、ある知人からは、厳しい言葉で叱ってくれた当時の責任者が、私の知らないところで私が登壇するセミナーの告知をシェアして下さっていることを聞きました。

そこには、

「古い友人と言ったら叱られるけど、どれだけ頑張るの?って頑張って、努力して、大輪の華を咲かせたTさん。素晴らしいです。まだまだ頑張って下さいね」

とコメントが添えられていました。

その画面をずっと見ていたら、また大粒の涙がこぼれてきました。

少しはご恩返しができたのでしょうか。


「アクティブ リスニング」は皆が幸せになれるようなたくさんのご縁をつなぐ「聞く技術」です。

この「アクティブ リスニング」を使えば、皆さんの毎日は、もっと輝き、楽しく、充実したものになると思います。

どうか、この「アクティブ リスニング」を通じて、皆さんにたくさんの幸せが訪れますように。

谷本有香

[著者]
谷本有香（たにもと・ゆか）
経済キャスター／ジャーナリスト／コメンテーター
大学卒業後、山一證券に入社、社内の経済キャスターに抜擢される。しかし、２年後、会社が自主廃業となり、フリーランスキャスターの道を選ぶ。ところが、アナウンス訓練も受けたことがない、人としゃべるのが苦手、敬語も使えない、知識も教養もない、のないないづくしで、フリー初日から厳しい洗礼を受ける。そこで、フリーランスの世界での生き残り策を必死で考え、コミュニケーション術が大きく影響していることに気づく。そこからはフリーの世界で仕事をさせていただくために、試行錯誤しながら最強の技術を探求し、見出したのがこの「アクティブ リスニング」である。この技術に出合ってからは、十数年にわたって経済キャスターの第一線で活動し、日経CNBCでは初めての女性コメンテーターに抜擢される。経済シンポジウムでは元日銀副総裁らに交じりパネリストを務めるなど、仕事の範囲が大きく広がることに。
また、トニー・ブレア元英首相、マイケル・サンデル ハーバード大教授、著名投資家のジム・ロジャース氏などの独占インタビューをはじめ、世界のVIPへのインタビューは1000名を超える。
Bloomberg TV、日経CNBCなどを経て、現在はフリーで国内外の著名人インタビューや、金融・経済セミナーのモデレーター、企業IR支援、Huffington Post、TABI LABO等でコラム・記事執筆などを手掛けている。また、テレビ朝日『サンデースクランブル』ゲストコメンテーターとして不定期出演中。
2015年４月から、日経CNBC『夜エクスプレス』アンカー
サンダーバード国際経営大学院（MBA）
北京大学外資企業EMBA

アクティブ リスニング　なぜかうまくいく人の「聞く」技術

2015年５月21日　第１刷発行

著　者――谷本有香
発行所――ダイヤモンド社
〒150-8409　東京都渋谷区神宮前 6-12-17
http://www.diamond.co.jp/
電話／03･5778･7227（編集）03･5778･7240（販売）
装丁――――轡田昭彦　本文デザイン･DTP――中井辰也
イラスト――良知高行　カバー写真―――ASUMI（STUDIO KUMU）
製作進行――ダイヤモンド・グラフィック社
印刷･製本――ベクトル印刷
編集協力――古井一匡
編集担当――土江英明

ISBN 978-4-478-02185-9